教育部中华优秀传统文化专项课题（A 类）重点项目（尼山世界儒学中心／中国孔子基金会课题基金项目）"交织与共生——澳门历史城区建筑装饰研究"（23JDTCA010）

澳门特别行政区科学技术发展基金研究项目"眼动追踪环境感知分析以元宇宙构建未来城市体验满意度评价——澳门历史城区优化研究"（0036/2022/A）

国家艺术基金艺术人才培训资助项目"澳门历史城区虚拟现实体验艺术创作人才培训"（2024-A-05-110-622）

2023 年广东省社科规划 2022 年度常规项目（岭南文化研究项目）"基于扎根理论的澳门近代居住建筑装饰纹样研究"（GD22LN11）

广东技术师范大学 2022 年博士点建设单位科研能力提升项目（22GPNUZDJS58、22GPNUZDJS59）

广东技术师范大学 2021 年校级科研项目人才专项（2021SDKYB058）

我国澳门地区／城／市／文／化／研／究／丛／书

我国澳门地区
历史建筑装饰纹样研究

王伯勋 周峻岭 ◎ 著

中国财经出版传媒集团

经济科学出版社
Economic Science Press

·北 京·

图书在版编目（CIP）数据

我国澳门地区历史建筑装饰纹样研究／王伯勋，周
峻岭著 . -- 北京：经济科学出版社，2025.3
（我国澳门地区城市文化研究丛书）
ISBN 978－7－5218－5628－6

Ⅰ.①我…　Ⅱ.①王…②周…　Ⅲ.①古建筑－建筑
装饰－纹样－研究－澳门　Ⅳ.①TU－092.965.9

中国国家版本馆 CIP 数据核字（2024）第 044129 号

责任编辑：张　蕾
责任校对：易　超
责任印制：邱　天

我国澳门地区历史建筑装饰纹样研究
WOGUO AOMEN DIQU LISHI JIANZHU ZHUANGSHI WENYANG YANJIU
王伯勋　周峻岭　著

经济科学出版社出版、发行　新华书店经销
社址：北京市海淀区阜成路甲 28 号　邮编：100142
应用经济分社电话：010－88191375　发行部电话：010－88191522
网址：www. esp. com. cn
电子邮箱：esp@ esp. com. cn
天猫网店：经济科学出版社旗舰店
网址：http://jjkxcbs. tmall. com
固安华明印业有限公司印装
710×1000　16 开　8.75 印张　180000 字
2025 年 3 月第 1 版　2025 年 3 月第 1 次印刷
ISBN 978－7－5218－5628－6　定价：79.00 元

前　言

装饰纹样是历史建筑中重要的媒介与载体，融合了特定历史时期、自然地理环境、人文特性，不仅体现出不同时期的审美特征、文化基因，更加深刻地映射出背后的宗教信仰、礼制制度及深刻的政治经济变化。本书以澳门历史建筑装饰纹样为研究对象，首先分析澳门历史建筑中建筑装饰纹样的空间布局及分布的空间特征；其次探讨澳门历史建筑装饰纹样的构型规则，包含装饰纹样材质、装饰纹样手法、装饰纹样题材、装饰纹样的内在表达等；再次归纳历史建筑纹样深层次文化内涵和政治经济历史与建筑装饰间的联系；最后从空间、型态、文化三个维度总结澳门历史建筑纹样的特点，分析归纳整个时空阶段历史建筑纹样演变的社会内涵。

建筑装饰纹样包含于建筑装饰之中，由于建筑装饰依托于建筑存在，这使得建筑纹样在装饰建筑构件的同时，也增强了在建筑中所承载的实用功能，而装饰功能则依托纹样之结构形态以及象征的文化属性而发挥着象征性作用。本书通过对澳门历史建筑装饰纹样的研究，运用文献资料分析法、实地勘察和测绘法、民族志研究法等，探究受自然因素和社会因素的影响，澳门历史建筑装饰纹样体现出的多元化特点，并调研获取澳门历史建筑纹样的一手资料；主要通过民居建筑装、文化教育建筑、娱乐休闲建筑三个部分展开。本书中除特别标注引用的图片外，其余所有图片均由本书编写团队实地拍摄。

建筑遗产承载着很多的历史文化，建筑纹样是澳门历史建筑中的文化传承载体。历史建筑纹饰图案不仅丰富了历史遗产的文化内涵，更提供了宝贵的历史与时代变迁信息，记录下人文色彩的印记。建筑作为社会历史文化变迁的载体，通过装饰纹样来表达着权力、地位、文化、思想等象征意义，其背后往往承载着文化意识、历史流变、经济发展、城市变迁相关，传递着丰富的信息和情感，成为连接过去与现在的桥梁。传统纹样是地域文化的主要载体，反映出澳门特殊的风貌与文化，也是城市活力永续更新的重要文化元素。因此，更好地保护历史建筑纹样不仅有利于文化遗产的传承，还有利于输出历史文化信息，供学术研究深化以及透过历史建筑纹样的文化输出，构建城市立体饱满的人文基调。最后，希望能够以此项研究促进文化遗产的传承与创新，为世界文化遗产未来可持续发展注入新的智慧与活力。

目 录
Contents

第一章

我国澳门地区历史建筑装饰纹样概述

一、澳门历史建筑装饰纹样的分布

2005 年，澳门历史城区被列入《世界遗产名录》，成为中国第 31 处世界遗产。这项殊荣，增强了澳门城市的文化认同，使得澳门文化产生了更深厚的归属感与凝聚力。

已评定的历史建筑分布在澳门半岛、凼仔岛和路环岛，如大三巴牌坊（圣保罗教堂焚毁后遗留的石砌前壁）、圣老楞佐教堂（风顺堂）、圣奥斯丁教堂（龙嵩庙）、玫瑰堂、圣若瑟修院圣堂、民政总大楼、港务局大楼、伯多禄五世剧院（岗顶剧院）、大炮台和东望洋灯塔等，以及被确认具有 50 年以上历史的、具有建筑艺术价值的历史建筑等。本书以建筑使用功能为线索，从民居建筑、文化教育建筑、娱乐休闲建筑三个功能类型中分别选取多个在装饰纹样上较有代表性的历史建筑对其装饰纹样进行实地调研及分析。

二、澳门历史建筑装饰纹样的研究价值与意义

1. 文化传承价值与意义：体现澳门文化与历史

建筑遗产承载着历史文化，澳门历史建筑的纹样是地区文化的传承载体。历史建筑的纹饰图案记录了宝贵的历史信息，蕴含人文变迁的印记。因此保护历史建筑纹样利于文化遗产的传承，也利于输出历史文化信息以供学者研究，并能够透过历史建筑纹样的文化输出构建城市立体饱满的人文基调。澳门作为中西文化的交融地，因澳门历史因素形成了多样的建筑风格类型，建筑纹样繁杂且分散，在澳门进行历史建筑保护的大背景下，对历史建筑装饰

纹样的研究极有现实意义。

2. 学术价值与意义：完善澳门历史建筑纹样的学术研究

2019 年 2 月，《粤港澳大湾区规划纲要》指出，澳门特区政府对于澳门的城市定位不再是单一的"赌城"形象，而是更注重澳门的城市文化输出，要打造以中华文化为主流、多元文化共存的交流合作基地。但澳门建筑装饰纹样的输出仍处于起步阶段。近代自 1840～1949 年，澳门的建筑呈现了特殊时期澳门所经历的政治、经济、文化变动而导致的城市变更。纹样图案作为建筑装饰的基础，当前缺乏较为系统而全面的研究。澳门近代建筑中，居住建筑与人们的生活联系更为密切，它不仅具有符号的象征意义且体现了当时时代背景下的文化变迁。而以纹样为载体的建筑研究，使得我们对历史建筑的了解可以更加多层次化，进而有效推动历史建筑文化的传播。

建筑作为社会历史文化变迁的载体，通过装饰纹样来表达着权力、地位、文化、思想等象征意义。装饰纹样的出现，其背后往往承载着意义，意义往往与人或组织相关，传统纹样是地域文化的主要载体，反映出澳门特殊的风貌与文化，也是城市活力永续更新的重要文化元素。

3. 社会实践价值与意义：助力澳门历史城区的保护与活化

澳门历史建筑的装饰纹样在保护和活化澳门历史城区方面发挥了重要的作用，通过研究历史建筑的装饰纹样，一方面可以保护传统工艺技术、恢复和修复历史建筑，另一方面可以利用纹样进行城市设计和规划，并通过装饰纹样的创新应用与传承推广文化旅游产业，进行澳门历史城区的教育与宣传。

（1）保护：溯源澳门历史建筑装饰纹样的形成助力原貌保护。

研究澳门建筑的著作，不论是历史建筑还是遗产保护，其中建筑装饰的相关内容在众多著作中只是占有小部分篇幅顺带写过。澳门历史城区内的许多建筑都具有独特的装饰纹样。政府可以制定相应的政策和规范，鼓励和支持业主对历史建筑进行恢复和修复工作，并保持原有的装饰纹样不变。这样可以保留历史建筑的风貌和特色，同时提升建筑的整体价值。澳门历史建筑的装饰纹样往往涉及传统的工艺技术，包括木雕、石雕、砖雕等。为了保护这些技术的传承，政府可以设立培训机构和工坊，培养年轻人学习和掌握这些技术，以确保这些传统技艺能够延续下去。

（2）活化：解构澳门历史建筑装饰纹样的图式助力创新活化。

澳门历史城区的装饰纹样可以成为城市设计和规划中的重要元素。政府可以利用这些纹样作为灵感，融入新建筑和公共空间的设计中，以确保新建筑与周围历史建筑相协调，保持澳门历史城区的整体风貌。澳门的历史建筑装饰纹样具有独特的文化价值和吸引力，可以成为发展文化旅游产业的重要资源。政府可以在历史建筑区域设立文化展示中心和艺术工作室，向游客展示澳门的传统装饰纹样，并提供相关的文化体验活动，吸引更多游客前来参观和学习。可以加强对澳门历史建筑及其装饰纹样的教育与宣传工作。通过开展讲座、展览和出版物等形式，向公众介绍澳门历史建筑的背景和特点，以提高公众对历史建筑保护的意识和重视程度。

通过以上途径，澳门历史建筑的装饰纹样可以更好地助力澳门历史城区的保护与活化，保留澳门独特的历史文化遗产，并促进城市可持续发展。

| 第二章 |
我国澳门地区历史建筑装饰纹样

一、澳门民居建筑装饰纹样

作为中国与世界交往的最早门户之一，澳门的独特地位和作用可以追溯至 16 世纪，到 1840 年鸦片战争，中国的门户被强行打开，失去了独立的地位，与屈辱的历史过程相伴而生，澳门成为五百年来中国的对外港口和中西经济、文化的交汇点之一。早期澳门的中式府邸有非常多，在历史上，天神巷曾经是一条非常重要的交通要道，华人富商曾在这里扎堆兴建美轮美奂的中式府邸，是典型的富人区，包括曹家大屋、宋家大屋、王家大屋等。20 世纪四五十年代，曹家衰落后，大屋空置多年，后拆卸重建成信达城商场。其他大屋也都相继被拆没有得到完整的保留。

建于 1869 年的郑家大屋，是晚清企业家郑观应的故居，是澳门为数不多的岭南宅园，占地约 4 000 平方米，呈不规则狭长形。根据建筑的总体布局关系可划分为或独立或相通的七组建筑，最能体现广东民居特色的还属第五座及第六座建筑。

在郑家大屋内余庆堂门口处的牌匾以及两侧对联的暗示下，参观者可结合郑观应及其背景，猜想当初大屋在选址时是否想体现背山面海的环境格局和景观意向的。从郑家大屋里随处可见的匾额楹联，郑氏一脉最看重的就是行善积德、勤勤恳恳、不求名利、一心向善。

约在 1889 年建成的卢家大屋，现存大堂巷 7 号大屋，是一座楼高两层，青砖成檩，硬山陶瓦屋顶的广府民居建筑，融合了西洋建筑的特点，体现了粤式建筑的古朴和淡雅，是晚清广府民居与西方建筑风格精妙融合的典范。故将研究样本确定在郑家大屋与卢家大屋两个保存相对完整建筑体系的澳门传统民居建筑中。

1. 民居建筑装饰纹样的空间特征

郑家大屋位于妈阁街侧，建筑范围约为 4 000 平方米，是一院落式大宅，建筑沿妈阁街方向纵深达 120 多米，顺序布置了大门建筑、仆人房区建筑及主门楼后的两座并列的合院式建筑（见图 2 - 1）。在郑家大屋的室内外空间展现组织形式中，主要通过线型叙事、交织叙事以及回环式叙事和混合叙事四种布局方式来进行叙述内容展陈的。郑家大屋在院内陈设方面不仅有中式的古朴和优雅，走进院内会发现，还有中式蚝壳窗与葡式百叶窗并存。其中，中式的屋顶与西式的天花相呼应，大屋处处体现中西结合的特色。

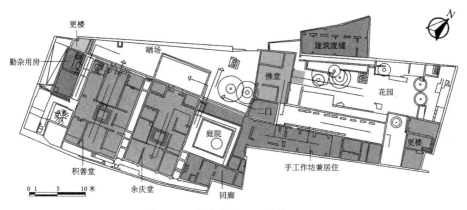

图 2 - 1 郑家大屋一层建筑平面图
资料来源：改绘自澳门特别行政区政府文化局官网。

郑家大屋是目前澳门唯一一所带着岭南风格的深院大宅，内由多座不同风格建筑及开发空间组成，占地面积将近 4 000 平方米，大大小小房间共有 60 多间，是澳门现存面积最大的民居建筑群，更是被列入世界遗产"澳门历史城区"的景点之一，具有较高的人文价值。该建筑群系统地反映了作为澳门硕果仅存的清代民宅院落的最佳代表作，郑家大屋既有鲜明传统广东民宅特点，亦随处流溢西方建筑特色，充分体现了澳门中西文化交融的特征。整体展览虽内容丰富，但目前展览却仍是按照传统的陈列方法，使得整体陈列氛围略显严肃。

位于大堂巷七号的卢家大屋为澳门著名商人卢华绍（卢九）家族的旧

居。据屋内左次间天井檐口的题诗年份显示，该大屋约于清光绪十五年（1889 年）落成。卢家为广东新会人，大约于 1857 年移居澳门。据族谱记载，卢九"少年怙恃，生计殊窘。弱冠后，始至澳门，业钱银找换。稍有蓄积，设宝行钱号。既而以善营商业，雄财一方。"澳门有一条卢九街即为纪念卢华绍而命名。

庐氏外面风光无限，内部宅邸豪华。庐家大屋又称金玉堂，面积大约为 400 平方米，三开间三进格局，即分为门厅、茶厅（轿听）及正厅。其中设天井多个，便于通风和采光。全幢建筑整个中轴在线的空间通透，仅以屏风隔断（见图 2 - 2）。

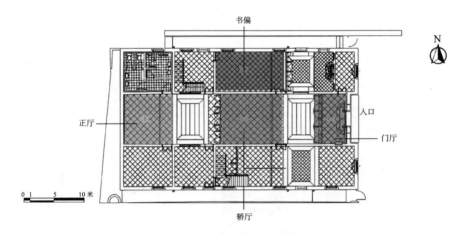

图 2 - 2　卢家大院平面图
资料来源：改绘自澳门特别行政区政府文化局官网。

卢家大屋是用厚青砖建造的中式两层建筑，是典型的中式大宅，也是晚清时期粤中民居温婉纤细建筑风格的典型。有两个取光的内庭，依风水原理，主入口有阻挡煞气的屏风。主立面入口部分内凹，为中式典型形式；而窗的设计，受西方建筑风格的影响。

该建筑为三开间三进上下两层的格局，包括厅、房、厨房、杂物房、天井等。建筑内布置多个天井，便于通风和采光，整个中轴线上的空间是通透的，但有屏风隔断。内部融合中西方装饰材料和手法，既有粤中地区常见的砖雕、灰塑、横披、挂落、蚝壳窗，又有西式的假天花、满州窗、铸铁栏杆，两种特色装饰共冶一炉，饶有趣味。正立面窗户全为葡式百叶窗，其中以上方左右两扇最为精美。窗扇以金属包角，百叶窗上加半圆形彩色玻璃窗，玻璃窗上是灰塑装饰。大宅反映了澳门特有的中西建筑风格合璧的民居特点。

关于平面布局方面，澳门大部分民居的级别并不算高，一般用进（纵深方向的一个屋顶为一进）作为单位进行区分，分别为头门（门堂）—中堂—寝堂（此处一般指的是大屋或者祠堂的规模），其中门厅的装饰性较好，因为岭南人对实用性的追求，所以装饰会花在门面功夫上（屋顶、墀头、台基、门框上），中堂在建筑群中的级别是最高的，具体体现在他的平面规模和梁架中，但其屋顶装饰性不一定有门厅高，最后就是寝堂也称为后堂，其装饰性会相较前面两个要弱。材质则是在平面基础上（即所处级别），着重于立面三段式（屋顶—屋身—台基）进行分析。屋顶是屋脊、屋面和屋架，其中材质从上而下是瓦、灰、木材，装饰的话主要是屋脊，屋脊距上次发现主要是灰塑龙船脊较多，少部分是陶塑脊，装饰素材多为传统美好寓意的花草鱼兽之类，当然也有八仙（法器），陶塑的话，记忆中澳门不多；屋身则是墙柱和门窗，材质主要为砖头、木、灰（灰塑），蚝壳（主要是横披窗和窗户）、琉璃瓦（一般是漏窗）台基则是地面、台阶与台基（须弥座），材质一般是石头（防水性），澳门多为麻石，须弥座在祠堂和庙宇中会有，住宅基本没有。

2. 民居建筑装饰纹样的构成规则

（1）均衡式自由图案。

均衡式自由图案特点是不受对称轴或对称点的限制，结构较为自由，主要强调构图重心的稳定感，通过对纹样构成要素的调整，使其能够达到视觉上的稳定和平衡[1]。郑家大屋装饰纹样中均衡式自由图案一般分布于隔扇门裙板与绦环板，图案表现工艺为木刻为主，色彩一般为装饰材质的本体颜色，装饰图案之题材一般为植物纹样如松、竹、兰草等，如图 2 - 3～图 2 - 5 所示。

---

① 马丽媛. 装饰图案设计基础［M］. 北京：人民邮电出版社，2016：52 - 69.

图 2 - 3　郑家大屋—隔扇门裙板　　　图 2 - 4　卢家大屋—隔扇门裙板

图 2 - 5　卢家大屋—窗户绦环板

（2）对称式自由图案。

对称式自由图案以假设的中心轴或中心点为依据，使纹样左右、上下对翻或四周等翻。对称式构图给人以平稳肯定的感觉，结构严谨丰满、工整规则。对称式自由图案在郑家大屋与卢家大屋中出现的并不多，仅分布于坎墙、窗洞等构件上，图案表现工艺为浅浮雕为主，色彩为装饰材料的本体色彩，装饰题材一般为植物纹样如茛苕叶、葫芦、十字花等，如图 2 - 6 ~ 图 2 - 8 所示。

图 2 – 6　郑家大屋—窗下坎墙

图 2 – 7　郑家大屋—葫芦窗洞

图 2 – 8　郑家大屋—窗下装饰浮雕

（3）适合式图案。

适合式图案是将形态限制在一定形状的空间内，整体形象呈某种特定轮廓的一种装饰纹样。这是围绕着如何使装饰纹样适合某一特定形状外形的设计方法。外形分为方形、不规则三角形等，组织合适[①]图形，首先要确定外

---

① 马丽媛. 装饰图案设计基础［M］. 北京：人民邮电出版社，2016：52 – 69.

形轮廓，然后根据不同的内容和要求，在轮廓内划定骨骼，进行图案配置；图案与空间要舒展匀称。适合纹样的构成形式可分为对称式、放射式、均衡式等。

对称式具有严谨的结构，属于规则的组织形式，基本骨架如图2－9所示，框架中心点为中心向上下左右两侧对称构成，以郑家大屋隔扇门之隔心中呈现的装饰图案为例，如图2－10所示。

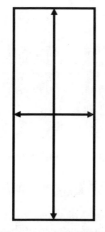

图2－9　对称式构图

图2－10　对称式图案

均衡式骨架实在对称式骨架的基础上发展演变而来的，它比对称式更加灵活自由，通过图案的优美造型与线条的相互牵引而达成一种视觉与心理上的平衡，以郑家大屋撑拱为例，如图2－11、图2－12所示。

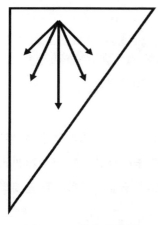

图2－11　均衡式构图

图2－12　直立式图案

放射式是以几何形的中心点将图案的动势向外伸展，有主次、有层次、有节奏、有比例地组织图案，其基本骨架形式如图 2 - 13 所示，构图时要兼具中心，以求图案具有整体性。这种图案呈现较强的动感，有一定的灵活性，以郑家大屋屏风门（又称脚门）上的格栅镂空图案为例，如图 2 - 14 所示。

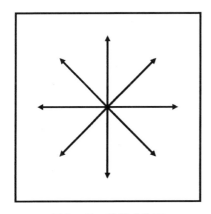

图 2 - 13　放射式构图

图 2 - 14　放射式图案

（4）连续式图案。

连续式图案指一个基本单位纹样为准，按照一定的格式，有规律地重复循环排列，构成无限连续性图案①。在澳门民居建筑中出现的形式有二方连续和四方连续两类。连续式图案可以循环反复以至无穷。

二方连续图案，一般是以一个图案或由两三个图案组合成的单位图案，向左右或向上下两个方向重复连续排列所构成的无限连续性图案，称为二方连续图案。由于图案的连续性、重复性和循环性，所产生的图案有起伏、虚实、轻重、大小、疏密、强弱的视觉效果，给人一种韵律感和节奏感。二方连续图案的基本构成形式有散点式、垂直式、斜线式、波线式、折线式、一整二破式和综合式 7 种。二方连续图案一般分布在澳门民居建筑中的隔断部位，以郑家大屋侧门上方横坡窗镂空装饰为例，其装饰图案规则采用一整二破式连续图案，如图 2 - 15 所示。卢家大屋隔断镂空装饰图案采用散点式二方连续图案，如图 2 - 16 所示。其装饰纹样的题材多为吉祥图案如海棠花、如意纹等。

①　马丽媛. 装饰图案设计基础［M］. 北京：人民邮电出版社，2016：52 - 69.

图 2 – 15   郑家大屋——整二破式二方连续图案

图 2 – 16   卢家大屋—散点式二方连续图案

四方连续图案，是以单位图案（可由一个图案或多个图案组成），向上、下、左、右四个方向，做反复排列而构成的连续图案。由于其具有四个方向无限连续扩大的特点，因此在澳门民居建筑中，常出现于面积较大的窗体中，如郑家大屋院内围墙中的漏窗与卢家大屋的横坡窗，皆采用了连缀式四方连续图案，如图 2 – 17、图 2 – 18 所示。

图 2 – 17   郑家大屋—漏窗

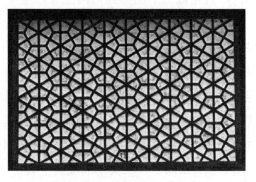

图 2 – 18   卢家大屋—横坡窗

3. 民居建筑装饰纹样的材质类别

卢家大屋和郑家大屋整体建造风格在很大程度上与中国传统民居建筑风

格接近，从装饰纹样上看与岭南建筑的装饰纹样也有很高的相似性，其中，其装饰纹样所用材料主要有石材、木材、陶瓷、玻璃等。

（1）石材。

卢家大屋和郑家大屋的石材装饰纹样大多是以雕刻工艺为主，其中卢家大屋入口左侧的神龛四周的花纹即为砖石雕刻而成，神龛正中间为"门官土地福德正神"，"年月招财童子，日时进宝仙官"。四周雕刻的主要题材有植物、鸟兽、传统图腾。整体纹样左右对称，纹样层次丰富，可以看出当时砖石雕刻的精湛工艺。卢家大屋除了精美的神龛外，还有另外一种建筑装饰——灰塑，灰塑多以石灰为主，掺入适量的河砂等材料合成，再进一步进行造型的塑造。卢家大屋中的灰塑装饰纹样也占很大一部分，其中在卢家大屋的天井上的大型灰塑中造型精美，内容丰富，有以动物为题材的"看魁报喜"，也有富含美好意愿的"生寿棉棉"，这些规模宏大、工艺精湛的灰塑也体现出屋主当时的美好意愿。如图 2 – 19 所示。

图 2 – 19　卢家大屋—神龛

郑家大屋的石材的装饰纹整体表现形式和工艺技法却与卢家大屋十分接近，郑家大屋的石材装饰纹样主要为灰塑与雕刻而成，题材主要为动植物纹样、诗词歌赋、中国传统符号纹样等。装饰纹样主要用于郑家大屋建筑外墙装饰，如入口门楼西面外墙中段的灰塑装饰以及余庆堂檐下的精美灰塑，经过匠人的精雕细琢并在此基础上赋予色彩，同时又因郑家大屋的灰塑跨度较大，因此，整体视觉效果实属令人感叹。如图 2 - 20 所示。

图 2 - 20　郑家大屋—灰塑

（2）木材。

木材是中国传统建筑中最常见且运用范围最广的材料，在卢家大屋和郑家大屋中也同样不乏有运用木材作为主要材料的装饰纹样。综观两大建筑群的木材装饰纹样，其主要分布于建筑主要构件的门窗部分，而进入建筑内部，木材装饰的精美和细致更是让人不禁感叹匠人巧夺天工的技艺。卢家大屋和郑家大屋的木材装饰纹样在题材选择上包括花卉藤蔓、祥禽瑞兽、几何造型等。

卢家大屋在木材装饰方面，其横批、屏门及门罩的纹样都展现了木雕工艺，除此之外，卢家大屋的挂落、风吟板、隔扇等地方也是木雕的主要表现。进入卢家大屋，映入眼帘的便是位于入口前厅与前天井之间的屏风，这面屏风由门罩、屏门和门板组成，上半部分为了前厅空间拥有更好的采光以及整体建筑有更好的通风性，因此采用大面积的镂空雕刻的形式，而下半部分即是在木板上进行阴刻。整体纹样呈左右对称，屏风由六块木板组成，可灵活打开形成交通空间。如图 2 - 21 所示。

郑家大屋在木材装饰的工艺和表现题材与卢家大屋基本一致，主要是建筑的门窗构件装饰、室内的隔断、屏风等。郑家大屋荣禄第中的建筑外立面中的雀替作为中国传统建筑构件，在郑家大屋中同样采用木材作为主要材料，安置于墙体与檐下平面位置，起到承托之用。郑家大屋的木材雕刻同样分为阳刻和阴刻两种形式，郑家大屋的雀替也同时展示出两种不同的工艺。如图 2 - 22 所示。

图 2 - 21　卢家大屋—隔扇门及横批

图 2 - 22　郑家大屋—雀替

　　匾额和对联或者一些文字装饰也是两座建筑的主要装饰纹样，其中主要的题材为一些诗词歌赋，抑或是作为屋主美好愿望的展现，将文字作为装饰作用于建筑构件之中，最终成为独特的装饰纹样，比如卢家大屋中的正厅背后的一正面"富贵荣华"组合成的隔断。郑家大屋中余庆堂二楼中圆柱上方的木刻的对联，同样也是木材装饰纹样在其中的主要表现。如图 2 - 23、图 2 - 24 所示。

图 2 - 23　卢家大屋—隔扇门　　　　图 2 - 24　郑家大屋—柱

　　（3）陶瓷。

　　陶瓷材质在卢家大屋和郑家大屋装饰纹样的具体应用都是主要在窗花部分中体现，其主要材料为绿釉陶瓷，绿釉陶瓷窗花是岭南传统建筑中极具特色的建筑构件之一，其在具备功能性的同时也起到了很好的装饰性作用。其整体纹样通常采用植物纹样或者具有一定象征意义的钱币图腾或者蝙蝠纹样，也是屋主对于"福禄双全"的隐喻与精神寄托。如图 2 - 25 所示。

　　（4）玻璃。

　　玻璃作为建筑材料，最早出现在西方，随着中西文化的交融，玻璃也随着进入到中国的建筑中，在岭南地区的传统民居建筑中，玻璃材料为了

图 2 - 25　郑家大屋、卢家大屋漏窗陶瓷窗花

更好地与本土材料和文化进行融合，匠人将玻璃嵌入到传统的木材框架中，作为极具地方特色的建筑构件——满洲窗。满洲窗上的玻璃多为套色玻璃，并在上面进行绘画，形成套色玻璃蚀刻画，套色玻璃蚀刻画是中西文化结合的实用工艺品，采用进口玻璃材料进行蚀刻、磨刻或喷砂脱色的技术处理，以传统题材为内容，有红、黄、蓝、绿、紫、金等颜色，加上不同的形状设计，使窗户典雅秀丽。[①]而卢家大屋中也采用大量的满洲窗作为空间的装饰，装饰纹样的题材多为"钱币、蝙蝠、寿桃"等具有隐喻象征的吉祥符号。也由此可见满洲窗是主人对美好生活向往的一种表达。如图 2 - 26所示。

图 2 - 26　卢家大屋—彩色窗户

---

① 陈以乐. 澳门岭南宅园装饰艺术的发展——以蚝壳窗、满洲窗为例 [A]. 北京中外视觉艺术院、中外设计研究院、中国创意同盟网. 中国创意设计年鉴·2018 - 2019 论文集 [C]. 成都蓉城美术馆，2020：4.

4. 民居建筑装饰纹样的构件分布

建筑装饰纹样主要分布于建筑中的"门、窗、柱、立面"等位置，在澳门民居建筑装饰纹样的调研中，主要根据装饰出现的位置进行分类与总结。建筑装饰纹样以其特殊的中葡文化融合的社会背景下，展现出独特的地域特征，更是重要的社会人文传承载体。建筑纹样寓意内涵与建筑空间位置，存在一定的耦合关系。

（1）门窗。

门窗作为建筑中重要且基础的建筑构件，与建筑同步兴起，它不仅起到流通和阻断空间的作用，还具有防御功能。不同时期、不同地区的建筑造型风格不同，也影响着门窗的样式。

第一，门。隔扇门常以偶数出现，多以六扇或八扇，常位于主厅墙面正中间位置，面积较大，隔扇门不仅有划分空间的作用，隔扇门开启时还可以加强空气流通。一般常见于中式民宅之中，如卢家大屋与郑家大屋。隔扇门一般选取方形木条做成框架，框架内的部分为隔扇，隔扇分为三部分，即绦环板、隔心、裙板。在某种情况下，人们会通过将隔扇取下，以便连通整个建筑的内外空间，进而构成一个大空间。隔扇不仅可以透过光线与阻挡视线，它还可以进行移动以达到某种使用效果。隔扇的两边立有边挺，边挺之间横安抹头，抹头将整个隔扇分为上、中、下三段，本研究中出现的隔扇形式之上、中、下三段分别为绦环板、隔心、裙板。隔心也叫花心，是隔扇的主要部分，其高度大约占整个隔扇高度的 2/5，隔扇的通透主要指隔心的部分。隔心也是隔扇雕刻最精美的位置，大多满雕花式棂子，动植物纹样组合的雕花居多。绦环板和裙板是不通透的部分，上面也有不同的雕饰或花纹或几何纹，其中以植物纹居多，如荷花纹、兰草纹、竹叶纹。如图 2-27 所示。

卢家大屋的隔心部分装饰有彩色玻璃，套色玻璃蚀刻画是中西文化结合的使用工艺品。当时拥有此装饰的家庭，可谓非富即贵，一般安置在会客厅或重要厅堂。彩色玻璃被镶嵌在木框之内，花型纹样图案则寓意着花开富贵。房门的装饰纹样分布于门头、门楣、裙板、壁柱。卢家大屋房门门楣处（即"灯影"）做了砖雕装饰，有蝙蝠、花瓶等雕饰。如图 2-28 所示。

绦环板

隔心

裙板

图2-27 卢家大屋及郑家大屋的隔扇门

门楣

图2-28 卢家大屋房门及门楣装饰

第二，窗。在卢家大屋铜钱纹花砖漏窗上方亦加入了灰塑"倒瞧云亭"进行装饰，另还有铁艺装饰漏窗与满洲窗二合一的装饰形式。

郑家大屋中，常见的有成排漏窗，不仅能加强通风，且人在行走时，可不断透露窗子欣赏另一边连续的景致。漏窗是一类形式较为自由的窗子，此类窗子不能开启。因为有镂空效果，因此不仅有沟通内外景物的作用，同时又有分割空间的作用，达到"似通还隔"的效果。如图2-29所示。

（2）柱。

中式建筑郑家大屋建筑内部有四个立柱，除了承重功能之外，其立柱中间部分做了文字装饰，柱础是覆莲纹。就柱式造型而言，中国古代建筑一直

图2-29　卢家大屋与郑家大屋的漏窗

以宋式为依归，明清虽有发展，但未逾越宋式的规范。[①] 不论是室外还是室内，柱子都成了空间中最突出的部分，因此作为顶天立地的柱式，建筑工匠集中智能设计造型即装饰。郑家大屋余庆堂二层室内的四根柱子上的楹联：“惜食惜衣不独惜财还惜福，求名求利必须求己免求人”“若果明修齐道理无忝尔生，何须建参赞事功但安所遇”，无不展现着郑家家风朴实无华，主张行善积德的理念（见图2-30）。

图2-30　郑家大屋余庆堂室内一柱

① 郭占月. 中外古典建筑柱式的造型与结构 [J]. 桂林工学院学报，2001 (3)：247-252.

（3）室内隔断。

室内隔断包含挂落，是用木条相互拼接而成，期间形成一定的棂格或图案，大多轻盈通透。挂落安装在上部呈悬挂状，因此得名挂落。郑家大屋以及卢家大屋的挂落通常用于室内，称为"挂落飞罩"，常用镂空的木格制成，以回纹装饰居多，其中饰有木雕装饰如桃子、花瓶、花卉等；门罩采用透雕形式，有写意的祥云图案、植物花卉纹样；横批为挂落上方的一种建筑构件，样本中的横批为镂空形制，其纹样丰富，样式繁多，多为组合纹包含如意纹、铜钱纹、十字花图案、海棠花图案等。如图 2-31 所示。

图 2-31　郑家大屋室内隔断

（4）铺地和天花。

铺地一般常见于建筑室内外，根据不同的材质铺地也有不同的功能，如防滑防蛀等，除此之外，形式各异的铺地可以使建筑更加美观，起到了美化与装饰的作用。在建筑中，特别是住宅建筑中，室内屋内一般设有顶棚，它可以美化室内，使室内看起来更整洁，也能防止梁架挂灰落土，这种顶棚称之为天花。如图 2-32 所示。

图 2 – 32　卢家大屋天花与铺地

（5）撑拱。

建筑大师梁思成先生在他的《中国建筑艺术图集》所提到的"似是而非的雀替"，也就是中国南方普遍存在的"牛腿"。传统建筑的"牛腿"是檐口下立柱与外挑梁连接处的斜撑构件。"牛腿"是撑拱的俗称，形如直角三角形，具有承担屋檐重量的作用，一般具有装饰性，常运用浮雕、镂空雕等。[①]图案型的撑拱的外形多呈卷草形等。撑拱多见于江南古民居中，尤其是大户人家的宅院建筑中，因此，撑拱除了具有承重与装饰功能外，还象征着房屋主人的财富和地位，在使用材料上也颇为讲究，多选用贵重木材，以整块木雕刻而成，为了防蛀也会使用樟木。

在造型上，郑家大屋之撑拱有浮雕式，雕有寿桃图案，周边装饰卷纹与夔龙纹；有镂空式，雕有蝙蝠图案，配以夔龙纹和果实形成复合纹样，如图 2 – 33 所示。

---

① 梁思成. 中国建筑艺术图集［M］. 天津：百花文艺出版社，2007：119.

图 2 - 33　郑家大屋—撑拱

（6）匾额和楹联。

匾额、楹联、彩画皆分布于澳门近代居住建筑之中式大宅中，大都寓含着吉祥含义，是中式建筑中的装饰特色。文字纹样是匾额与楹联的主体，通过文字来表达大宅主人的德行与对家族的美好期盼（见图 2 - 34）。其中，匾额"荣禄第"说明此大宅乃宦官之家，楹联"前临镜海，后枕莲峰"印证大宅建造之时对风水的考究。有几副楹联将文字与吉祥寓意图案相结合作为装饰，楹联将文字"留月""驻马客欣榕荫古""步蟾人赏桂香浓"与竹子、书卷图案结合，楹联将文字"日月光华""四壁山环水绕""一帘月影花香"与桃子、葫芦、花瓶图案结合，"现阴阳而合""借楼阁以撑天""祥光"与瑞兽、宝瓶、书卷等图案结合（见图 2 - 35）。

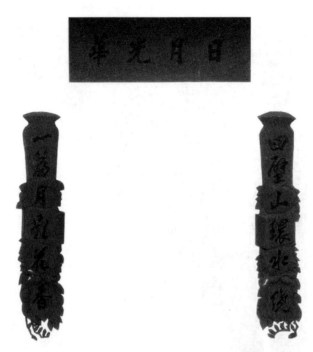

图 2 - 34　郑家大屋后门楼匾额、楹联

图 2 - 35　郑家大屋月门楹联

5. 民居建筑装饰纹样的题材表现

（1）平面几何。

回形几何纹样又称"回纹"，在中国汉族民间这是一种具有美好寓意的纹样图案，象征着人们的生活可以永远富贵，由于回纹表现为由横竖短线折绕组成，因此回纹也具有连绵不断、吉利永长的吉祥寓意。

组合几何形有六边形组合的十字海棠花、六角金盘、人字几何纹等。多为木雕形式，应用于门上横批以及窗上（见图2-36）。

（a）卢家大屋—彩窗　　　（b）郑家大屋—八角金盘窗　　　（c）卢家大屋—铁艺窗

（d）卢家大屋—横坡窗

图2-36　几何纹样

（2）植物造型。

竹纹在澳门近代居住建筑中一般出现在中式建筑之中，且多分布在裙板与绦环板之上，制作手法为木刻，即将竹子纹样雕刻在木板之上，从而形成装饰纹样。竹子自古以来在中华文化中就有高品格的象征，即君子象征，象征虚怀若谷、高风亮节的品格，因此竹子深受仁人志士的喜爱。竹子还寓意长寿、坚强、平安，后来竹从文化意义演变到了民俗意象即"竹报平安"来象征吉祥平安，是代表吉祥寓意的一种中华纹样。郑家大屋与卢家大屋作为此次研究中的两个中式建筑样本，分别都出现了竹子纹样的装饰。反映出大宅主人对家族的吉祥寓意以及中华文化在建筑纹样中的体现。如图 2 - 37 所示。

图 2 - 37　郑家大屋—门楼楹联装饰

花卉纹有具象形态以及抽象形态，分布于澳门民居建筑的窗、门、柱础、天花、铺地、瓦当、滴水等建筑构件中。有木雕、石雕、石膏、砖雕、瓷砖等不同的装饰手法以及材料。卢家大屋最突出的花卉纹出现在彩色玻璃窗以及隔扇门的隔心部位，如图 2 - 38、图 2 - 39 所示。

图 2 - 38　卢家大屋—彩色玻璃窗

图 2-39　卢家大屋—隔扇门中隔心部分采用花卉纹装饰

（3）动物造型。

动物造型分布于木雕、灰塑、壁画、屋檐雕饰。有祥鸟瑞兽、双鱼、蝙蝠、仙鹤等。动物造型的装饰多为中式建筑装饰纹样，这些动物纹样一般承载着主人对家族的美好期许与寄托，如双鱼寓意"年年有余"、倒挂蝙蝠寓意"福到"、仙鹤寓意"长寿"等。如图 2-40 所示。

图 2-40　卢家大屋—左侧天井—楼墙壁"倒瞧云停"

（4）吉祥寓意。

澳门近代居住建筑装饰纹样之吉祥寓意（为避免与上述内容重复，此处将吉祥寓意定义为非动物、植物纹样的吉祥寓意图案）包含文字、瓶盘、祥云、铜钱、如意等。"富贵荣华"是隔扇门之隔水部分，"日月光华""四壁山环水绕""一帘月影花香""祥光""现阴阳而合""借楼阁以撑天"等楹联分布于墙体以及神龛，体现了主人注重中国传统文化，尊书重道，以及对家族兴旺的美好愿望。如图 2-41 所示。

图 2 - 41　卢家大屋隔扇门隔心装饰文字

6. 民居建筑装饰纹样的符号象征

（1）吉祥寓意与图腾崇拜。

郑家大屋与卢家大屋作为澳门岭南建筑的民居代表，其建筑装饰题材在选取上蕴含着中华民族深厚的文化底蕴。这些建筑装饰纹样在中华文化历史的长流中逐渐形成了其特有的文化符号象征。这些符号象征不仅饱含着房屋主人对家族的美好希冀，还是当时华人社会的缩影。

在澳门近代中式居住建筑中，卢家大屋并非规模最大，但其精美细腻又多样的建筑装饰是其他建筑无法媲美的。这既体现在功能性的门扇、屏门、门罩、挂落和横批等大量木雕雕刻上，又可体现在大量观赏性的墙头灰塑。灰塑题材丰富，造型生动，并在中国传统基础上融合西方图案设计及利用水银片作点缀，创意十足，"鹦熊夺锦""一鹭连科"等题材反映主人对家族兴旺、子孙达官的美好愿望，表现其尊书重道的人生哲学。①

---

① 朱宏宇. 澳门卢家大屋中西建筑艺术特征解析 [J]. 城市住宅，2019，26（12）.

（2）民俗风情与中西交融。

澳门由于特殊的地理位置与时代背景，多种文化在这片土地上交织。所以在装饰图案上也是呈现出中西文化交融的态势。郑家大屋是一个糅合中西方建筑风格的产物，我们可以从多个层面去分析其中的原因。郑家大屋的主人之一郑观应，是一位名副其实的最先全面触及启蒙思潮各项基本问题的启蒙运动前驱。在风雨飘摇、中西文化剧烈碰撞的清朝末年，他以开阔的视野、清晰的思想和坚实的行动来开展实业活动，推广思想主张。从大屋所处的建筑地段来看，西望洋山一带历史上曾是葡人区，也聚居着富有阶级，山下的下环地区则是比较贫穷的中国渔民的聚居地。郑家大屋中西建筑风格糅合的面貌是主人身份所处历史背景的必然结果，也是传统葡萄牙人与华人居住区交界地段的中西融合。

从建筑群总体功能布局来看，郑家大屋的主要居住部分保留较多的传统中式风格，面向庭院的回廊、面向花园的三面亭则多用西式的建筑构件。同样的情况，在位于美副将大马路的唐家大屋也可看到：三路居住建筑从外立面看保留了传统中式的做法，面向花园的副楼则是带悬挑外廊、铸铁细柱与栏杆的西式立面。其中的原因，是因为在中国传统建筑类型中，居住建筑从属于"礼"的部分，是封建礼制的产物、儒家伦理观念的物化，作为一种生活习俗已经深入人心，根深蒂固；园林建筑则从属于"乐"的部分，体现"天人合一""道法自然"的道家思想，反映人们渴望摆脱封建礼教的束缚，憧憬返璞归真的意愿，可变性较大，因而业主乐于根据自己的喜好和社会流行的时尚进行选择。

二、文化教育建筑装饰纹样

1. 文化教育建筑装饰纹样的空间特征

文教建筑是指与文化传播和教育学习相关的建筑，这些建筑物包括博物馆、图书馆、学校、文化中心等。对于澳门文化教育建筑的判定与划分，学者主要依据原始功能对建筑类别进行划分。陈泽成与龙发枝在《澳门历史建筑备忘录》中，根据原始功能将何东别墅（现何东图书馆大楼）、荷兰园大马路 91 - 93 号（现澳门档案馆）归为花园式住宅类建筑，在其书中将耶稣撒女子书院、仁慈堂塔石书馆（现澳门文化局大楼）、慈幼学校等归属于教育建筑。吴尧学者在《澳门近代晚期建筑转型研究》中，将文化教育类建筑放置公共建筑研究形制下，研究偏局限于对以学校为主的教育建筑进行研究。林发钦在《澳门历史建筑的故事》中，将何东图书馆大楼根据现在的功能属性，对其历史与建筑特色进行研究，但并未对建筑类型进行分类。因此，前人主要依据澳门建筑的原始功能对其进行阐述，目前对澳门文化教育建筑尚未有一个明确的定义。

然而随着时间的推移，澳门的众多历史建筑物的功能发生了变化。例如，何东图书馆、澳门档案馆、澳门中央图书馆等建筑从原始居住建筑转变为图书馆、档案馆等不同类型的建筑，其建筑物的属性发生了改变。依据使用功能，建筑物室内空间格局也发生了相应的改变。

因此，本书在汲取前人研究的基础上，依据建筑物现使用功能对其进行划分，将何东图书馆、澳门档案馆、澳门中央图书馆、澳门文化局和培道中学纳入文化教育建筑的研究范围。研究对文化教育建筑的判定与选择，不局限于学校场所，还应涉及其他拥有文化教育功能的建筑物。

（1）何东图书馆。

何东图书馆大楼建于 1894 年前，原为官也夫人大宅，经多次转让，何东爵士在 1918 年购入。至其 1956 年逝世，家人遵嘱将该物业赠予澳葡政府，并捐款 25 000 港元购置中文图书，建立一所收藏中文书籍的公共图书馆，命名为何东图书馆。1958 年 8 月 1 日对外开放。如表 2 - 1 所示，何东图书馆作为澳门历史城区的一部分，2005 年被联合国教科文组织列入《世界遗产名录》。2006 年新大楼投入服务，成为兼具藏书楼和现代图书馆功能的人文阅读空间。如图 2 - 42 所示。

表 2 - 1　　　　　　　　　　　　何东图书馆历史脉络

时间	事件
1894 年以前	原主人为官也夫人
1918 年	香港富商何东爵士购入该大楼
1951～1945 年	何爵士定居。其逝世后将大楼赠与澳葡政府
1958 年	正式对外开放

图 2-42 何东图书馆

何东图书馆是澳门唯一一座花园式图书馆，何东图书馆前后均被花园环绕，前花园有假山、拱廊、喷水池，并种植了洋蒲桃、鸡蛋花等高大的乔木。后花园为户外阅览空间，树木与花卉繁茂，是一座集历史、文化和建筑于一体的楼宇，是中西艺术结合的典范。2005 年澳门文化局与当地的蔡田田建筑事务所合作，对何东图书馆进行扩建，使之成为澳门目前最大的图书馆。如图 2-43 所示。

图 2-43 何东图书馆花园

图书馆建筑平面呈矩形，左侧有一副楼。其地面层为茶座、花园、洗手间、储物室，一层为儿童阅览室、户外阅览区，二层为服务台、阅览区、图书区、澳门国际标准书号中心，三层为葡文外借图书区、报刊及杂志阅读区、洗手间、休憩区、户外阅览区，四层为影音资料区、外文图书区和团体讨论室。

（2）澳门档案馆。

1952年7月澳门第5号部级法例曾试图创立一个机构来看守和保管文件，但直到1979年澳葡政府官印局颁布的第27/FM法令才使澳门历史档案馆的创立成为现实。澳门历史档案馆始建于1979年2月中旬，临时设在罗勃特何东先生故居。1982年3月10日历史档案馆迁往荷兰园正街。荷兰园是介于进教围与新花园之间。由雀仔园尾起，直达塔石球场止，其中一带地区，皆称为荷兰园。荷兰园大马路西式建筑群，俗称"八间屋"，包括现澳门历史档案馆（荷兰馆大马路91-93号）、现澳门中央图书馆（荷兰园大马路89A-B）、现葡萄牙东方学院主楼（荷兰园大马路95-B号）等建筑。现位于澳门荷兰园大马路91-93号的澳门档案馆是1901年设计的两户私人住宅，是新古典主义的建筑风格。如表2-2所示。

表2-2 澳门档案馆历史脉络

年份	事件
1952	根据第五号海外部立法条例，设立澳门总档案室，隶属民政总局
1979	更名为澳门历史档案室，拨归教育暨文化司管辖，接收公共部门档案
1982	馆址由澳门岗顶何东藏书楼，迁至澳门荷兰园大马路91-93号至今
2016	根据澳门特别行政区印务局颁布的第20/2015号行政法规，澳门历史档案馆更名为澳门档案馆

随着时间的推移，私人住宅建筑逐渐老化衰败。1979年澳葡政府将荷兰园大马路等一系列历史建筑规划为文化教育建筑。1987~1989年，该建筑物由建筑师韦先礼（Manuel Vicente）重新设计，基于文化保护的需求，对原始建筑物立面进行保留，依据使用功能对建筑的内部进行重新设计，1989年7月澳门历史档案馆落成并向公众开放。其建筑面积约1 200平方米，地上两层，长方形平面。现职能为澳门官方档案文史资料收藏、保管、分析和研究

之机构。如图 2 - 44 所示。

图 2 - 44　澳门档案馆

（3）澳门中央图书馆。

澳门中央图书馆有着悠久的历史，创馆至今跨越了三个世纪。1893 年葡萄牙皇室颁布，于澳门开设国立利宵中学及国立图书馆，1895 年 9 月 28 日，澳门国立利宵中学及图书馆正式成立。因此，图书馆初期并未有独立的馆舍，是附属于澳门国立利宵中学。该馆发展历程艰辛，于 1917～1929 年先后搬迁至圣约瑟修院、峰景酒店大楼、塔石残疾人收容所（现塔石文化局总部大楼）及市政厅（市政署前身）大楼。至此，澳门国立图书馆开始建立一套公共图书馆架构和收藏制度，为今后发展打下了坚实的基础。20 世纪 80～90年代，澳门国立图书馆日益发展壮大。至 1983 年 10 月 23 日时任澳门总督高斯达在荷兰园正街为其剪彩，澳门国立图书馆迁至荷兰园大马路一幢古典建筑物内。1994 年澳门国立图书馆正式更名为澳门中央图书馆，其发展进入新的里程。如图 2 - 45 所示。

澳门中央图书馆现位于的荷兰园大马路 89 号 A - B 私人住宅，建成于1920 年，融合了新古典与葡式建筑的折中风格。伴随 1979 年澳葡政府将荷兰园一系列历史建筑规划为文化教育功能，此建筑经过修复被当作澳门中央图书馆进行使用。根据澳葡政府官印局颁布的第 56/84/M 号法令，该建筑已被评定为建筑群。

图 2-45　澳门中央图书馆

　　现澳门中央图书馆建筑面积 1 600 平方米，地上两层，长方形平面，室内已改为现代装饰。澳门中央图书馆一层设置了大厅、儿童阅览室、多媒体视听室，二层设置了公共区、自修区、外文图书、澳门资料与参考图书区。其馆藏为科技类图书、英葡语书籍、澳门资料及葡萄牙在这里的历史文献等，也是目前澳门最大的公共图书馆。如图 2-46、图 2-47 所示。

图 2-46　澳门中央图书馆一层

图 2 - 47　澳门中央图书馆二层

（4）澳门文化局。

1900 年，澳门仁慈堂值理会主席、澳门著名的汉学家伯多禄（Pedro No-lasco de Silva）在仁慈堂辖下物业（现澳门文化局大楼）开办孤儿院，专门照顾和教育葡萄牙裔孤儿，共接收了 182 名孤儿。1918 年因经济原因，该机构中止运作。1919 年 4 月，荷兰园大马路 89 号建筑被用作为养老院。1925年由澳葡政府购入，且在 1924 年 7 月至 1957 年底，作为殷皇子中学的教学大楼。2005 年 5 月澳门文化局进入办公。该建筑作为澳门最具代表性的新古典主义建筑风格，该建筑的基地面积 1 360 平方米，地上三层，高 9.5 米，宽 6.4 米。为满足工作需求，2003 年对建筑内部重新进行修建，保留了正、侧外立面和大堂木制主楼梯。该建筑不仅是历史文化遗产，也具有明显的地标作用，与旁边的澳门历史档案馆、澳门中央图书馆等建筑共同构成了荷兰园大马路的西式建筑群。如图 2 - 48 所示。

（5）培道中学。

澳门早期的教育建筑是由教会创办的，1572 年耶稣会教派在圣安东尼小教堂旁边建起了第一所学校，该学校于 1594 年 12 月 1 日改名为圣保禄学院，作为远东地区的第一所西式大学，开创了此类建筑的先河。20 世纪初，随着

图 2 - 48　澳门文化局大楼

澳门人口的增多与经济的发展，内地的一些大学纷纷在澳门扎根，如培道中学于 1910 年左右在南湾马路 765 号建造。培道中学大楼最初为三层，20 世纪 60 年代后期又加建与原建筑物不协调的第四层。培道中学历史脉络如表 2 - 3 所示。何东图书馆被评定为新古典主义建筑物，具有建筑艺术价值的楼宇建筑特色。培道中学位于在马路沿街面，长方形平面。建筑面积 700 平方米，立面高约 14.6 米。如图 2 - 49 所示。

表 2 - 3　　　　　　　　　　　培道中学历史脉络

年份	事件
1888	美国南方浸信会传教士容懿美女士（Miss Emma Young）被获派来华开办女子教育，她在广州五仙门开办了培道女子中学
1937	中日战争爆发，广州遭遇空袭，使学校不能继续运作，被迫离开五仙门，老师们带着愿意跟随学校走的学生离开，迁往肇庆暂避战火
1942	香港沦陷后，留守香港的师生迁往澳门继续办学，初期校址设于亚利鸦架街、罗利老马路
1955	得何贤先生相助，租用南湾大马路 107 号大宅作校舍，20 世纪 60 年代在原三层建筑基础上加盖教室

图 2 - 49　培道中学

2. 文化教育建筑装饰纹样的构成规则

（1）视觉平衡秩序。

视觉平衡秩序是指在纹样设计中使用元素的分布、形状、大小和色彩等，以创造出视觉上的均衡和和谐感。视觉平衡秩序中，纹样多以重复构成的形式呈现。重复构成式以纹样的基本型作为一个基本单位，在左右方向上进行重复，创造一种秩序感和结构的稳定性，达到建筑的视觉平衡秩序。

澳门文化教育类建筑纹样多以几何图形与花纹为主。纹样图案在构成形式上多以重复构成的构成关系组成。以何东图书馆为例，纹样多出现在花园的围栏立柱及女儿墙中，大多以一个装饰纹样为基础单位，通过有规律地进行左右复制与平移，从而组成的一个新的纹样，产生有节奏感和韵律的视觉平衡秩序，呈现有秩序的排列，营造视觉的平衡秩序，如图 2 - 50所示。

图 2 - 50　何东图书馆建筑纹样

（2）视觉中心秩序。

纹样视觉中心秩序是指在纹样设计中使用元素的分布和安排方式，以创造出一个视觉上的中心点或焦点①。澳门文化教育建筑装饰纹样从形式划分上，可以划分为均衡式纹样、对称式纹样、离心式纹样、向心式纹样和多层式纹样。对称式、离心式和向心式的纹样形式，从不同程度上展现了澳门文化教育建筑纹样的视觉中心秩序。

视觉中心秩序通过对称式的图形形式，突出视觉的中心。对称式多以轴对称为主，轴对称多用于花纹纹样和几何纹样两种图形上。从视觉效果上轴对称形式更加稳定。从对称轴上，可以分为左右对称和上下对称。左右对称给人一种上下的线条方向感。上下对称给人一种平稳的感觉。轴对称的纹样多和离心式纹样相配合，构成视觉的中心秩序。何东图书馆中的装饰图案多是轴对称式的，纹样以花心作为中心点，花瓣元素从中心向外发散，营造出

---

① 李砚祖. 装饰之道［M］. 北京：中国人民大学出版社，1999：145.

一种自然的生长感，如图 2-51 ~ 图 2-53 所示。

视觉中心秩序通过发射构成的图形形式，突出视觉的中心。发射构成包括离心式发射和向心式发射。离心式发射在澳门文化教育类建筑中主要采用直线发射，多以面的形式呈现，其发射线常常是四至八条不等。例如，澳门历史档案馆建筑外立面女儿墙上的十字花纹，单色的配色，离心式纹样的发射线共四条，是一个简单的发射构成，如图 2-52 所示。澳门历史档案馆外廊天花中的装饰纹样就略显复杂一点点，是一个适合纹样的离心式发射，如图 2-53 所示。适合纹样是通过巧妙合理的布局，将纹样设计在某种特定的形状范围内的框架式美化装饰，是在受到外轮廓空间的约束下进行的巧夺天工的设计构思。从视觉艺术形态上对离心式适合纹样进行审美省视，这种外圆内花纹的适合纹样，通过红黄的配色关系，以红色为主体物色彩，黄色作为底色，通过颜色的对比，发射构成具有较强的冲击力。向心式发射，多以点状形态组成，以一个圆心为中心，发射线由四周向中心聚散，目前在澳门文化教育类建筑纹样图形形式的构成中，主要以离心式为主，向心式较为少。

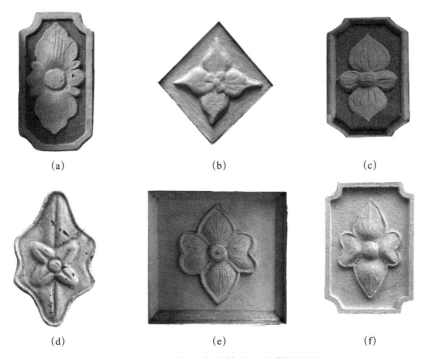

(a)   (b)   (c)

(d)   (e)   (f)

图 2-51 何东图书馆轴对称式装饰纹样

图 2 - 52　澳门档案馆女儿墙上的十字花纹

图 2 - 53　澳门档案馆外部天花中的装饰纹样

（3）几何构图秩序。

几何纹样通过几何逻辑在建筑空间以及立面中进行组合设计，形成相应的视觉化图案。在空间形态上，呈现出点、线、面的组合变化，这些变化之间同时具有相应的逻辑性与功能性。几何构图秩序不仅体现在建筑空间装饰的设计之中，还体现在其日常的功能组合和视觉符号设计之中。同时，在建筑空间或室内空间装饰设计中，图案的表达呈现出相应的几何构造之美，并与整体的建筑空间氛围融合在一起。通过将各种几何形状和线条组合在一起，以创造出有序、有节奏感的视觉效果。

澳门档案馆建筑装饰主题以西式建筑中常见的几何形为主，以几何三角形作为装饰纹样，出现在外廊拱形门之间，作为装饰题材。遵循对称、重复的构图秩序，通过几何逻辑进行立面的组合设计，如图 2 - 54 所示。澳门中央图书馆是以圆形的点状元素在拱形窗下面进行点缀，采用重复的手法，形成建筑外立面中的相应视觉化图案，如图 2 - 55 所示。几何化秩序美学渗透在建筑装饰的整体化设计之中，并且充分考虑与其整体空间环境的融合，形成具有文化底蕴美学的建筑空间场景。

图 2-54　澳门档案馆的几何构图秩序

图 2-55　澳门中央图书馆的几何构图秩序

澳门文化局采用线状构图元素，如图 2-56 所示。线性元素通常出现在建筑外立面，与建筑的装饰与功能等相互融合在一起。在建筑外立面设计中是采用竖向的线状元素进行整体的排列与设计。

图 2-56　澳门文化局的线状构图元素

3. 文化教育建筑装饰纹样的材质类别

（1）石材。

石材在建筑纹样中具有重要的作用，它可以为建筑物增添美感、提供结构支撑和保护，并传达建筑的特定风格和氛围。澳门建筑外立面不同组合的柱式、变化的柱头、线脚等成为主要元素，结合圣坛、圣像等营造宗教的氛围，多数呈现巴洛克建筑风格。建筑的外部装饰材料使用石膏、麻石等石材来进行艺术雕刻，丰富外立面装饰风格，如图 2－57、图 2－58 所示。

图 2－57　石膏

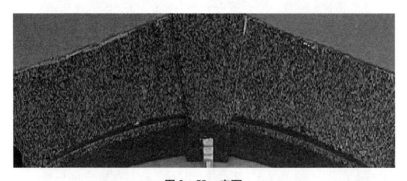

图 2－58　麻石

灰泥塑是闽粤一带民间常用的装饰手法，因为是廉宜的装饰，不同风格随意混合组成灰泥制品。灰塑容易成形，且成本低廉，工匠操作熟练。因此，西式建筑中的线脚等装饰元素大多用灰泥塑代替石雕装饰，装饰主题以西式建筑中常见的几何形为主，色彩为白色，主要有线条饰带、涡卷、飘带和四瓣圆花等。西式建筑在建造过程中一般有限定的形态示范，工匠依照其制式原则来操作，唯一可以发挥创造的就是灰泥雕饰。施作的匠师也多为传统建筑陶塑匠师，制作灰泥雕花自然得心应手，在布满泥塑的立面上，呈现出肆意多样的风格。灰泥塑常常有凹凸强烈的立体感，在澳门中西建筑中都大量采用。如在一些屋檐下、窗楣和门楣上，常会见到泥塑雕像和浮雕，上了鲜艳色彩。此外，还体现在矮挡墙、室内屋顶的装饰、房屋正面古典图案的使用方面，呈现出不同风格。以灰泥塑形而表面上彩的手工艺品，其做法是用铁丝、铁钉或细木条为骨架，上敷灰泥成形，然后施彩色而成。这种灰泥是用贝灰掺入黏土，加适量稻草和麻皮粉，或海菜、麻丝等材料制成，灰泥的制作工序复杂，贝灰是用海边贝壳烧制成的壳灰，可以防海风侵蚀。稻草和麻灰经过漂、晒，最后碾成粉末，成为灰泥中的"骨料"。灰料混合后，水化成灰粉，经漂洗、过滤、沉淀，反复多次，有时还加入糯米浆及红糖等制成高质量的灰泥，干硬后色泽洁白、质地细腻，用以塑造泥偶，与陶土有异曲同工之妙。

澳门大多数西式建筑采用的结构是夯土墙或砖墙，在这些墙面上镶嵌石雕装饰不易实现，相反，灰塑容易成形，易于修改。

（2）砖材。

砖材在建筑纹样中具有重要作用。首先，作为建筑结构的主要组成部分，砖材提供了稳固的支撑和强大的承重能力，确保建筑物的安全和稳定性。其次，砖材作为装饰材料，通过其独特的纹理、色彩和形状，为建筑物赋予独特的外观和风格，创造出美感和视觉吸引力。

中西方传统建筑材料不同，是形成不同的建筑体系的重要原因之一。西方传统建筑以砖石为主的建筑材料，相应较多地使用拱券等建筑结构形式。澳门早期的教堂及别墅建筑采用西方的建造材料与技术，主要使用砖石与拱券结构等，建筑外观呈现砖石建筑的特征，相对于中国传统的木构建筑耐久性较好。

澳门历史建筑砖材的种类主要有两种：一种是中式的砖材，如青砖（见图2-59）、红砖（见图2-60、图2-61）、灰砖等，用于建造中式庙宇、民居、商铺等；另一种是西式的砖材，如花岗岩、大理石、水泥等，用于建造西式教堂、别墅、公共建筑等。

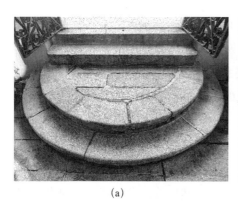

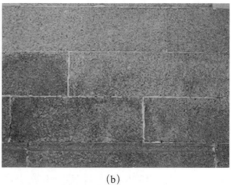

(a)   (b)

图 2 - 59　何东图书馆青砖

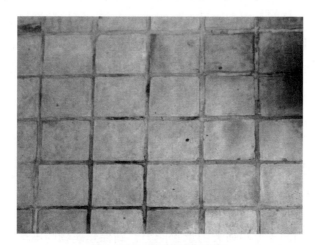

图 2 - 60　澳门档案馆红砖

图 2 - 61　澳门中央图书馆红砖

澳门历史建筑砖材的加工技术也体现了中西文化的融合，一方面保留了中式的砖雕、瓦屋顶、承重墙等传统特征；另一方面借鉴了西式的拱门拱顶、柱式柱头、石雕装饰等新颖元素。

澳门历史建筑砖材的风格和形式也呈现了多样化和创新性，例如，有仿照木质结构而用石头制作的古希腊柱式、结合伊斯兰色彩影响的阿拉伯风格、富有宗教艺术气息的彩绘玻璃窗等。

（3）木材。

在建筑的门窗和室内装饰中，木材是常见的材料之一。木制的门窗框架和家具赋予建筑温暖和古典的氛围。

澳门历史建筑木材的特点与澳门中西文化的交融密切相关，从16世纪起，葡萄牙人在澳门定居，开始了中式建筑与西式建筑文化的交接发展。

澳门历史建筑木材的种类主要有两种：一种是中式的木材，如松、榕、梧桐等，用于建造中式庙宇、民居、商铺等，如图2-62所示；另一种是西式的木材，如橡木、柚木、杉木等，用于建造西式教堂、别墅、公共建筑等，如图2-63所示。

澳门历史建筑木材的加工技术也体现了中西文化的融合，一方面保留了中式的抬梁式木构架、石柱石枋、瓦屋顶等传统特征；另一方面借鉴了西式的拱门拱顶、柱式柱头、石雕装饰等新颖元素。

(a) 澳门文化局—窗　　　　　(b) 何东图书馆—窗　　　　　(c) 何东图书馆—门

图2-62　澳门历史建筑中式木材

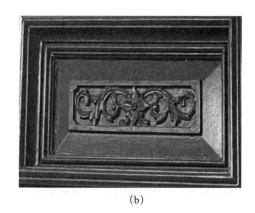

(a) (b)

图 2 - 63　澳门历史建筑西式木材

（4）铁艺制品。

在欧洲，铁制品通常用于建筑领域。中世纪初期，铁艺制品多遵循古代罗马风格样式，典雅庄重为其艺术特点。西方建筑铁艺是指用铁或其他金属材料制作的具有西方建筑风格和装饰特征的艺术品，如门窗、栏杆、雕塑、灯具、家具等。西方建筑铁艺有着悠久的历史和丰富的文化内涵，反映了西方建筑的历史发展和艺术变化。澳门地区的铁艺纹样多为 17 ~ 18 世纪洛可可式铁艺。

西方建筑铁艺的种类很多，常见的有以下几种。

罗马式铁艺：罗马式铁艺是古罗马时期的铁艺风格，主要特征是使用弧形、圆形、半圆形等几何图形，以及棕榈叶、莲花、莨苕等植物图案，表现出对称、均衡、稳重的美感。罗马式铁艺常用于建筑的柱头、拱门、窗框等部位，如图 2 - 64 所示。

哥特式铁艺：哥特式铁艺是中世纪欧洲的铁艺风格，主要特征是使用尖拱、飞扶壁、花窗等结构和形式，以及玫瑰花、四叶草、葡萄藤等植物图案，表现出向上、细长、繁复的美感。哥特式铁艺常用于教堂的门窗、栏杆、灯饰等部位。

巴洛克式铁艺：巴洛克式铁艺是 17 世纪欧洲的铁艺风格，主要特征是使用曲线、涡卷、弧线等动感的线条，以及贝壳、天使、花卉等富有生命力的图案，表现出华丽、奢侈、动感的美感。巴洛克式铁艺常用于宫殿的门窗、栏杆、雕塑等部位。

图 2-64　何东图书馆围栏铁艺

　　洛可可式铁艺：洛可可式铁艺是 18 世纪欧洲的铁艺风格，主要特征是使用曲线、弧线等优雅的线条，以及贝壳、花卉、蝴蝶等轻盈的图案，表现出优雅、轻盈、浪漫的美感。洛可可式铁艺常用于别墅的门窗、栏杆、灯具等部位。

　　（5）陶瓷。

　　陶瓷拥有丰富多样的色彩、图案和纹理选择，能够为建筑物增添装饰效果，创造出独特的艺术氛围。无论是传统风格还是现代设计，陶瓷都能够为建筑物注入个性化和时尚感。陶瓷还具有优秀的耐火性和防水性能，使其成为用于建筑物湿润区域的理想选择。陶瓷技术也应用在路牌的材质上，形成特有的蓝白相间的路牌，并以立体柱式或平面镶嵌于墙上的形式呈现。

　　澳门建筑中陶艺制品的使用也非常能够体现出移植风格，这反映在花园、围栏、彩瓶栏杆柱、花砖和其他一些室外的陶艺构件中，最常见的是方块赤陶瓦，或用于墙头砌结窗栅，多为绿色，用灰浆固定，此外，还用在落水管的装饰上，如图 2-65、图 2-66 所示。这些直径 4 寸、长 3~4 尺的赤陶管抹上灰泥一节节呈竹筒状，结合做装饰用。中国澳门同葡萄牙以及其他一些南亚国家一样，气候温暖湿润，阳光充裕，因此，在建筑中阳光和通风往往成为首要关注的问题，那些适应于南方温热条件的理念和技术，许多在澳门也适用，使这些建造方式得以在澳门继续发展。例如，走廊、阳台和葡式百叶窗等。特别是葡萄牙风格的窗户，非常适合当地气候特点，逐步形成了澳门建筑经常采用的一种构造做法：窗口通常有石楣或木楣，有时用砖砌成拱形。窗户全用木造，窗框不加任何装饰，配以灰泥粉饰的墙壁，采用木造百叶窗，可根据太阳的不同位置来调校活动窗叶的不同角度，往往漆成深棕色或绿色。

图 2 - 65　何东图书馆围栏立柱　　图 2 - 66　何东图书馆石湾窑绿釉瓷花窗

4. 文化教育建筑装饰纹样的构件分布

（1）门窗。

门窗作为建筑物的重要组成部分之一，不仅起到通风、遮光、疏散等功能作用，还兼任美观与装饰的作用。应澳门当地的气候特点，葡国风格的窗户在澳门使用得非常普遍，窗户充满装饰性与表现力。

从窗户类型划分，直角方额窗、拱形窗、复合窗在澳门建筑中非常常见。直角方额窗是澳门使用最多的窗户类型。其窗洞呈方形开启，宽度在 1～1.5 米，高度是宽度的 1～2 倍。澳门档案馆（见图 2 -67）与澳门中央图馆均采用传统的葡式"面贴"（框缘）①，也称"贴脸"，其特色是在窗口周边有一

---

① 陈泽成，龙发枝. 澳门历史建筑备忘录（二）[M]. 澳门：澳门遗产学会，2021：30 - 31.

圈20厘米的直角框，增加了窗户的装饰性。葡式"面贴"（框缘）将墙与窗户进行分离，窗户从建筑外立面中凸显出来，使得窗户自身也成为一种艺术品。

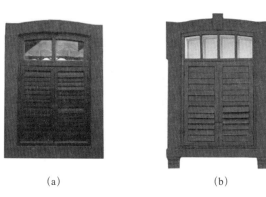

(a)　　　　　　　　(b)　　　　　　　　(c)

图 2 - 67　澳门档案馆一窗

拱形窗于19世纪后半叶，在澳门逐渐增多。拱形窗主要特征是在窗户上面呈现拱形，因此叫作拱形窗。拱形窗的形式主要分为半圆拱窗、三角拱窗、洋葱形拱窗、马蹄形拱窗，其中，以半圆拱窗最为常见，如何东图书馆窗（见图2 - 68）、澳门中央图书馆窗（见图2 - 69）、培道中学窗（见图2 - 70）。

图 2 - 68　何东图书馆一窗

图 2 - 69　澳门中央图书馆一窗

图 2 - 70　培道中学一窗

　　复合窗户是由两个或三个窗户统一在一个装饰母题下，由两个窗户组成的复合窗叫双联窗，由三个窗户组成的复合窗叫三联窗。澳门中央图书馆的窗户（见图 2 - 71）是典型的复合窗形式，展现了 19 世纪后复合窗的特点，此时的复合窗通常是由两个大壁柱之间采用连续券的形式。

　　门在澳门的建筑物中可以分为外门和内门，其外门的装饰较为多。由于澳门大多数建筑外立面都是对称式的，所以入口大门通常出现在正中心，占据最重要的位置。大门通常使用柱子、壁柱和山花来进行装饰，是西方古典式设计的重要手法之一。

图 2 –71 澳门中央图书馆一窗

何东图书馆作为一座花园式图书馆，花园围墙的外门（见图 2 – 72）是进入整个花园的主入口，呈现罗马装饰风格。大门呈半圆拱形门，通过左右两侧柱子突出入口大门。大门呈现拱形门洞，拱形门洞在澳门于 19 世纪末至 20 世纪初出现的较为多，在文化教育类建筑中也较为常见。何东图书馆花园入口大门门扇（见图 2 – 73）上的装饰也是重要的装饰，西式的门扇主要以线条的划分和雕刻的装饰为主，线条和装饰通常与建筑的整体装饰风格相匹配。

图 2 –72 何东图书馆

图 2-73　何东图书馆花园入口大门

（2）外立面与柱。

20 世纪 80 年代，澳门开始经历较大规模的城市发展，但具历史价值的建筑物及街区仍被较完整地保留下来，使得澳门有别于其他邻近的城市。建筑师韦先礼与建筑师马若龙分别对澳门的建筑文化遗产的保护做出重要的贡献。建筑师韦先礼在设计澳门档案馆时，对建筑外立面进行保护，内部空间适应新的功能，进行重新设计。马若龙作为一个具有澳门土生葡人身份的"遗产保护主义者"，对新古典主义建筑的外立面进行了系统的研究，并提出"立面主义"设计理论①，对建筑外立面进行保留。"立面主义"设计理论提出对建筑外立面的"壳"进行保留，对内部空间进行重建。这种观念和方法也主导了当时澳门建筑遗产保护的实践。1976 年，澳门古迹保护委会成立，将澳门档案馆、澳门中央图书馆、澳门文化局等建筑群所在的街区划分为保护区，并在 1977～1987 年，在对各栋建筑进行外立面保护的基础上，进行大

---

① 杨一丁，林红 . 土生葡人马若龙在澳门塔石的跨文化空间建构实践 ［J］. 装饰，2022（7）：106.

规模修复。这些历史建筑在进行建筑修复后，均用作政府及文教类建筑。建筑师马若龙受邀对塔石卫生中心进行设计①，塔石卫生中心被确定为"已评定之建筑群"的"八间屋"区域，是"立面主义"设计理论的一个具体实践。塔石卫生中心与澳门档案馆、澳门中央图书馆、澳门文化局这些历史建筑一起，共同创造了荷兰园大马路欧式风格的特色建筑。基于本书的主要研究对象为澳门文化教育建筑，故此对位于荷兰园大马路的塔石卫生中心不做过多探讨。

　　柱式作为西式建筑中重要的表现构件，是西式建筑的表现符号之一。在澳门的建筑物中主要出现在外廊、外立面装饰壁柱与室内装饰中。柱式一般由柱子、檐部和基座三部分构成。在澳门的西式建筑中，柱式作为直观的、外显的建筑构件，展现了外来移植、本土演进的鲜明特征，体现了中西文化交融的多元化。多元化的文化也促使了澳门西式建筑出现了大量不同类型与不同风格的柱式。

　　文化教育类建筑柱式按照结构体系进行划分，可以分为结构柱和装饰柱。结构柱主要起结构功能，在澳门文化教育类建筑中的结构柱主要表现为室外的廊柱，外廊柱式具有宽大、粗柱的风格特点。外显的柱与外廊使建筑外立面形成开放式的特征，可见于何东图书馆、澳门档案馆与澳门文化局等建筑中。装饰柱是具有装饰性作用的柱子，不承担建筑的结构功能，在澳门建筑中具体体现在建筑外墙的壁柱、具有装饰性的窗中柱和室内的壁柱等。无论是完整的柱式或者是突出墙面尺寸较小的壁柱都是作为整体连接的手段，起到统一整体建筑风格的良好效果。此外，结构柱与装饰柱也经常同时出现于同一栋建筑中，相互配合。

　　柱式按照类型进行划分，主要以塔司干柱式、多立克柱式、爱奥尼柱式、科林斯柱式与混合柱式为主，展现了古典的五柱式。塔司干柱式风格简约朴素，粗壮有力。多立克柱式整体简约，无过多装饰。爱奥尼柱式展现了精致与柔美，其装饰性较强。建筑外立面柱式展现了澳门建筑装饰所蕴含的丰富文化寓义及空间组合方式。

---

① 黄伟侠. 尊重环境与延续文脉之道——简评澳门塔石卫生中心建筑设计［J］. 建筑学报，2001（6）：42–43.

何东图书馆共三层，地面层设有外廊（见图 2 - 74）。外廊外形美观，并起着遮挡阳光的作用。窗户采用罗马拱券式设计，每层各有五扇窗户，形成了整体上的对称布局。其柱壁较薄，设有爱奥尼式柱头的方壁，位于拱券之间，为建筑增加了一丝装饰。整个建筑以醒目的黄色粉刷，突显了其独特的风格，窗框和柱壁则以纯白色装饰，为建筑增添了一丝清新和雅致。屋顶采用了四顶坡设计，展现出建筑的多层次感。这种设计灵感源自葡萄牙的建筑风格，为图书馆赋予了一种异国情调。

图 2 - 74　何东图书馆外立面柱式

澳门档案馆共有两层，外观红黄相间。色彩上通过邻近色搭配的原则，用辅助色中明度最艳丽的红色与淡黄相搭配，在色彩的调性上呈现中调，为人们营造一种醒目的视觉效果。在整体结构上，正立面左右对称，并设计了一圈新古典主义特征的外廊。澳门档案馆建筑正立面由扇形拱柱廊构成，廊柱具有粗柱廊的风格特征，采用简化的塔司干方柱，其柱头较方，呈现出平实而稳重的特点，彰显了建筑的庄重气质。如图 2 - 75 所示。

澳门中央图书馆同澳门档案馆一样，建筑外立面呈左右对称。外立面顶部有一排宝瓶式女儿墙，女儿墙作为建筑立面装饰的重点，集艺术性、实用性与观赏性于一体，承载着浓厚的历史和文化意蕴。澳门中央图书馆顶部宝瓶式的女儿墙和对称式的花纹装饰，为建筑外立面增添了美感。如图 2 - 76所示。

图 2-75　澳门档案馆外立面柱式

图 2-76　澳门中央图书馆外立面柱式

　　澳门中央图书馆地面层以拱形门窗和塔司干矮柱为主，在二楼设置柱廊，拱洞的比例相对粗壮，采用科林新壁柱，建筑形体较为矮小，予人以"丰满"之感。其壁柱与圆柱柱头采用西方古典纹样茛苕叶装饰。外墙墙身与柱子涂上红色，色彩鲜明，整个建筑显得华丽典雅。但柱式在澳门中央图书馆的建造中，并未完全遵循西方传统柱式的规范。这是由于澳门的建筑工匠没有经历系统的西式建筑培训，因此，在理解与制作上，会与原本的西式建筑出现偏差。因此，工匠在细部与装饰题材上，会沿用传统的习惯，这也造就了澳门建筑中西融合的独特性，与当代的文化相融合，表现了强烈的本土化特征。

澳门文化局是澳门最具代表性的新古典主义建筑风格，融合了西方建筑风格的元素。澳门文化局建筑立面的柱式结构和山花采用相叠的手法，配合建筑凸出的空间，巧妙地用来强调建筑入口的部分。入口是一个建筑与外部空间进行沟通的门户，是建筑体验的起点。通过柱式强调的手法，凸显了时代性，形成一种强烈的秩序感。澳门文化局原屋顶设计为四坡屋顶，且女儿墙上原有的瓮状装饰现已缺失，带有葡国装饰的山花已去除。现建筑物正面呈现三段式设计，顶部为三角形山花，并悬挂着澳门特别行政区区徽——莲花标志。主立面两层的圆形拱廊中轴对称，展现了一种均衡的美感。地面层以拱形外廊和方壁柱为主，二层采用了爱奥尼式的柱廊风格，整体上展现出建筑的和谐之美。如图2-77所示。

图2-77　澳门文化局外立面柱式

培道中学建筑原为三层，于20世纪60年代改为四层，四层加建部分与其他三层风格略有区别。培道中学外立面采用绿色粉刷，白色的线角，建筑表面有明显的装饰纹样。外立面柱式采用方形壁柱，建筑表面有明显的装饰纹样（见图2-78）。

图 2 - 78　培道中学外立面柱式

（3）围栏立柱。

围栏的用途有很多种，在澳门的建筑中常出现于女儿墙、阳台栏杆（见图 2 - 79）、台阶或走廊中①。在澳门的女儿墙中，围栏使得建筑与天空的关系更加密切，围栏又称作"栏杆"，可以分为横向维护构造的栏和纵向维护构造的杆两个部分，二者的材料不尽相同。宝瓶式立柱是澳门建筑中常使用的，分为圆宝瓶和方宝瓶。

图 2 - 79　培道中学—栏杆

---

① 刘先觉，陈泽成. 澳门建筑文化遗产［M］. 南京：东南大学出版社，2005：97 - 98.

— 59 —

女儿墙中的围栏一般都要设置立柱作为横向维护构造的受力构件。在何东图书馆（见图2-80）、澳门档案馆（见图2-81）、澳门中央图书馆（见图2-82）与澳门文化局（见图2-83）屋顶上一排平直的女儿墙为常见的圆宝瓶立柱。在《澳门历史建筑备忘录》一书中，又将"圆宝瓶立柱"称为"花瓶状栏杆式"。花瓶式栏杆是直棂栏杆的一种变异形式，就是将直棂条做成西洋的花瓶形式，所以俗称西洋瓶式栏杆。花瓶栏杆结合中国陶艺与西洋花瓶，在建筑上取其平平安安的吉祥寓意。

(a)

(b)

图2-80　何东图书馆—女儿墙

图2-81　澳门档案馆—女儿墙

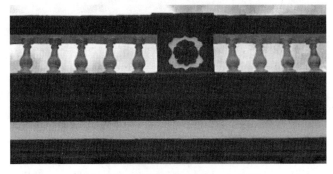

图2-82　澳门中央图书馆—女儿墙

图 2-83　澳门文化局—女儿墙

何东图书馆花园走廊中的围栏立柱呈现两种形式，后花园中走廊的围栏采用石湾窑绿釉的花窗，根据围栏的长度，通常由 4~6 个结构单元构成支撑结构，以一个结构单元作为基本单位，进行左右重复。装饰纹样以花纹、金钱如意纹等装饰纹样为主，象征美好与吉祥如意，如图 2-84（a）（b）所示。何东图书馆地面层茶座区域的围栏立柱采用圆宝瓶立柱，寓意平安，如图 2-84（c）所示。

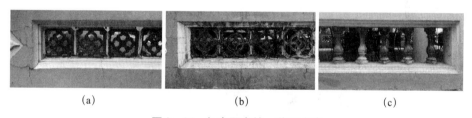

(a)　　　　　　　　　　(b)　　　　　　　　　　(c)

图 2-84　何东图书馆—花园走廊

（4）铺地和天花。

何东图书馆、澳门档案馆、澳门文化局外部均为新古典主义外廊式建筑。建筑物在地面层设置外廊。外廊式建筑具有功能通用性，满足文化教育类建筑的功能要求。何东图书馆、澳门档案馆和澳门文化局外廊地面采用中式的红砖材料，彰显了中西文化的融合，体现时代感。通过地面小尺度的铺砖与建筑立面形成对比，具有空间感，如图 2-85~图 2-87 所示。在天花设计上，因几座建筑都经历过后期的维护，因此，建筑细部的装饰和造型能够体现新的建造方式。何东图书馆与澳门文化局外廊空间采用白色圆形点状，成线状排列，体现了空间的节奏感和秩序感。澳门档案馆天花同建筑外立面一样，采用红黄配色，黄色为主要色，红色为点缀色，形成鲜明的对比。顶部的花纹纹样呈现离心式放射形式（见图 2 - 88），精致优美。

图 2 - 85　何东图书馆外廊

图 2 - 86　澳门档案馆外廊

图 2 - 87　澳门文化局外廊

图 2 - 88　澳门档案馆顶部花纹纹样

（5）雕塑小品。

雕塑小品是指在放置在小型公共区域中的具有艺术性或趣味性的小型雕塑作品。这类小品通常出现在休闲娱乐区，不需要大型的尺度或空间，起到对空间环境的装点和美化作用。何东图书馆在后花园的公共空间中放置了一些小型的雕塑小品，主要以西式的人物雕像为主。通过雕塑小品与花园中水景、植物的搭配，增加了静态休憩空间的吸引力与情趣性。如图 2 - 89所示。

图 2-89　何东图书馆后花园

5. 文化教育建筑装饰纹样的题材表现

（1）平面几何图形。

方格和菱形是最常见的平面几何图形，可以组成各种几何纹样，如格子图案、菱形花纹等。三角形是另一个常见的几何图形，可以组成斜纹图案、三角形花纹等。不同大小和方向的三角形可以形成各种变化多样的纹样效果。圆形和半圆形可以用来创建圆形或弧形的纹样，如环形图案、扇形图案等。

这些曲线形状常常被用于营造柔和与流动感的装饰效果。

澳门档案馆采用弧形图案在柱头，使其图案视觉更具稳定性和层次感，如图2-90所示。澳门中央图书馆采用圆形图案在窗下部分，让窗的数量更易辨识（见图2-91）。何东图书馆采用菱形组合图案在窗上，使窗的结构层次分明（见图2-92）。

(a)　　　　　　　　　　　　　　　　(b)

图2-90　澳门档案馆的平面几何装饰图形

图2-91　澳门中央图书馆的平面几何装饰图形

图2-92　何东图书馆的平面几何装饰图形

（2）植物造型。

花朵和花卉可以用于创造华丽和优雅的装饰效果。叶子和植物图案可以用于创造自然和有机的装饰效果。

　　何东图书馆和澳门档案馆在建筑的外立面加入了十字对称的花卉图案纹样，如图2-93、图2-94所示，图案基本圈定在正方形或者菱形的结构里，高度的提炼和几何化的适形设计使得此类花形纹样很难跟某个自然的花卉相匹配，在传统花卉类图案中四瓣花的纹饰变体非常多，而且应用领域十分广泛，花纹通常采用二方连续和四方连续构成，能够在视觉上营造出整齐规范的审美感受。澳门文化局和培道中学的门窗加入了大量的植物藤蔓的纹样，因其结构连绵不断，故又具"生生不息"之意，如图2-95、图2-96所示。

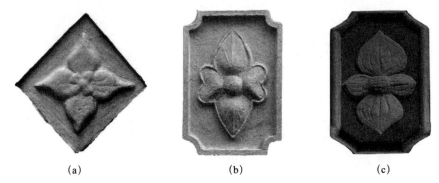

(a)　　　　　　　　　　(b)　　　　　　　　　　(c)

图2-93　何东图书馆外立面花卉纹样

(a)　　　　　　　　　　(b)

图2-94　澳门档案馆外立面花卉纹样

图2-95　澳门文化局植物藤蔓纹样

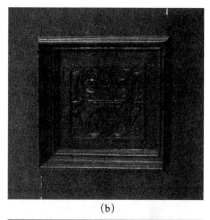
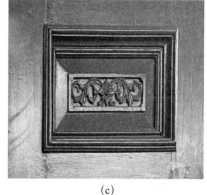

(a)　　　　　　　　　　　　(b)

(c)

图 2 - 96　培道中学植物藤蔓纹样

6. 文化教育建筑装饰纹样的符号象征

（1）功能性与象征性。

文化教育建筑装饰纹样的符号象征，分为功能性装饰符号与象征性装饰符号两个部分进行探讨。二者与建筑本体的联系密切程度不一样。功能性装饰与建筑本体的联系比较密切。功能性装饰是对建筑本体进行修饰，是基于使用和实际的功能需求而产生的装饰，并不是表面和形式的模仿。象征性装饰是附着于建筑本体，是为了建筑的美感而增加的装饰①。

从符号象征的角度上，符号意义承载建筑装饰的最终目的。功能性装饰

---

① 薛颖 . 近代岭南建筑装饰研究［D］. 广州：华南理工大学，2012.

针对狭义的建筑功能，包括建筑的结构、构件和材料的装饰等。由于澳门位于沿海的亚热带地区，在低纬度地区，受气温高的影响，澳门城市自身对色彩的追究度较强烈。受到外来葡萄牙文化的影响后，葡萄牙人为适应当地的生活，将自己的建筑风格融入当地的建筑中。因此，澳门的新古典主义建筑带有强烈的葡萄牙色彩，例如，白色、红色、绿色等，使得澳门城市建筑的色彩更加的丰富。建筑丰富的色调既展现了澳门当地人对生活的热爱，也通过色彩让建筑的立体感更加丰满，充满活力与感染力。澳门文化教育类建筑在多元文化的影响下，形成的柱式、券廊、山花等建筑构件也丰富了建筑创作的语汇。通过建筑功能性符号，增加了建筑结构的逻辑，使用简单的形式进行真实的表达。

象征性装饰符号起到纯粹的象征作用，象征性装饰符号是为了增加建筑的美感而外加的装饰，强调视觉的效果和符号象征意义的表达。其符号象征作为建筑生命力的体现，在象征性装饰符号中，可以对建筑的本原、社会、历史、文化等诸多方面内容进行解读，并且象征性装饰可以独立于功能性装饰符号而形成一个完整的系统。澳门文化教育建筑象征性装饰符号多以花纹为主，从纹样构成形式上呈现对称式、离心式、向心式等，使得建筑外立面更加精美。

（2）文化移植与文化共生。

澳门文化教育建筑装饰纹样展现了西方文化的移植与中西方文化的融合与共生。澳门文化移植具体体现在澳门建筑的"违规"现象上，这是澳门近代建筑的独有特色。这种原因来自两个方面：一是葡萄牙建筑文化自身有一种被改造与快速适应的能力；二是受澳门独特的社会构成的影响，澳门建筑设计前期是依靠葡萄牙建筑设计师完成的，但具体建造与施工是由澳门的工匠进行操作，工匠凭借长年累月的经验进行建造。由于受文化差异与传统建造经验的影响，工匠凭借自身的认知与理解，尝试性地对"陌生"的建筑形式进行建造，因此，形成澳门特有的西式建筑文化，澳门的建筑立面在细节处理上较为写意，如柱子、柱头、山花等在细节处都经过简化的处理。这种独特的建造形式表现在建筑物外立面的建造与室内装修上。在文化教育建筑中，其典型实例是澳门中央图书馆。在建筑外立面中，澳门中央图书馆建筑外立面细部雕饰较为粗糙，其建筑外立面的柱式比例并未严格遵循古典柱式的规范。在内部空间装修中，以中式装潢为主，体现出社会所倾向的生活方式。建筑外形呈现西式、内部装修以中式为主，体现了中西文化在形式上的交融。

共生是指两个相似的物体共存而产生的交互作用。在哲学层面上，共生是指多元文化进行融合而产生的共生存在的价值体系。共生可表现为历史与现代、传统工艺与新技术、部分与整体等的共生。文化共生是因为澳门文化受以葡萄牙为代表的西方文化与中国传统文化为基础的本土文化的影响，在长达四百多年的时间里，经过碰撞、交流、融合而形成特色文化。其文化是多元共生的，具体可以表现为不同的建筑文化、建筑风格、建筑类型并列存在，共同构成一个完整和谐的整体。西洋文化的影响主要呈现在两个层面：一个是在物质层面相结合而产生的建筑形式；另一个是从文化层面相结合而产生的建筑形式，是一种意识形态上的结合。东西方建筑的某些特征在澳门建筑中体现。在文化教育类建筑中，建筑采用了葡萄牙的传统建筑风格，色彩鲜艳、装饰华丽、门窗造型独特等。这些西方建筑元素的融入赋予了澳门建筑独特的韵味，使其与其他地方的建筑有所区别。

在多元文化共生下，任何一种文化都倾向维护自身的传统文化。在整合的过程中，澳门文化教育建筑领域在中西方文化融合过程中，以澳门本地人为主导的，以中国传统文化为基础的装饰纹样，具有民族性。民族性是官方价值的取向，是澳门建筑装饰产生、发展的动力。

三、娱乐休闲建筑装饰纹样

1. 娱乐休闲建筑装饰纹样的空间特征

（1）娱乐休闲建筑之岗顶剧院。

岗顶剧院，始称岗顶波楼，是为葡萄牙人提供休闲娱乐的场所，又称伯多禄五世剧院，也曾被称为马交电影院及岗顶波楼。岗顶剧院建于1860年，是中国第一所西式剧院。屋内除了剧院，还有阅书楼、桌球室及餐厅，是当初葡萄牙人的活动中心。各类音乐、戏剧、歌舞、电影，甚至艳舞也曾在这里演出。如今这里则成为了大型文化盛事表演的场所，也是澳门世界遗产之一。剧院建筑造型为古希腊复兴风格，主体一层，外部为绿色粉刷，饰有白色线脚①。剧院正面为面宽15.7米的门廊。上有三角形山花，门廊共有三开间，券洞宽为3米，8根爱奥尼倚柱成对分布，下有基座，柱高6米②，如图2-97所示。山花及柱子较为简洁，立面看起来雄伟庄重。檐部下面的主入口写有葡文"Teatro Dom Pedro V"，即伯多禄五世剧院之意。侧立面九开间，为连续券窗，每窗宽2.45米，落地，整齐富有韵律。屋顶为红色两坡瓦屋顶，屋脊高12米，屋檐高7.5米。平面长方形，长41.5米，宽22米，纵向布局。融入口门廊进入前厅，然后是圆形观众席，再后是舞台，两侧有化妆间。观众席两侧是可供休息的空间，左面布置有酒吧及餐厅，右面为长廊，设有直达楼座的梯楼。二楼的观众席为月牙形，依靠楼下10根排列成弧线的柱子支撑着。

图2-97　岗顶剧院

关于平面布局方面，分别为正门—镜厅—观众席—舞台—化妆间（见图2-98）。其中，镜厅的装饰性较好，因为主要用于交际和欢舞的场所，镜

---

① 吴尧，朱蓉. 澳门建筑［M］. 香港：三联书店（香港）有限公司，2014：58-59.

② 黄文辉. 侬家正住莲花地：澳门历史建筑文化解码筑［M］. 广州：花城出版社，2019：118-120.

厅的装饰纹样主要是集中在墙体边框及门窗的几何式图案，整体尽显大气奢华高贵之感（见图2-99）。观众席及舞台装饰多集中于棚顶、立柱及铸铁栏杆之中（见图2-100）。化妆间装饰较前两者要弱。建筑材质上，有木、石、瓦、铁等。墙体多以石、瓦为主，墙柱以石为主，门窗材质以木、铁质等。装饰多出现于建筑立面，包括墙体及石柱。装饰素材多以植物花纹为主。

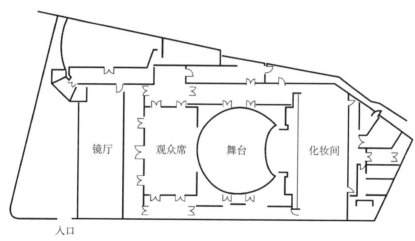

图2-98 岗顶剧院平面图

图2-99 剧院内的镜厅

图 2 −100　从舞台望向观众席

（2）娱乐休闲建筑之卢廉若公园（从私家园林到公共园林）。

卢廉若公园（娱园）始建于 1905 年，并于 1925 年正式建成[1]。位于澳门东望山北麓的繁华闹市中，前身是卢廉若主持修建的私家花园"娱园"，与张园（园主为隐士张伯球）、唐园（园主为香港富商唐丽泉）并称澳门三大园。占地 1.78 公顷，仅为原"娱园"的 1/4，是澳门近代时期具有典型苏州园林风韵中西合璧的私家园林，其设计和布局十分精巧，善于移山借景。1974 年经修缮改造为现"卢廉若公园"，并对外开放[2]。园内以大面积的水体、山石及植物进行造景，并融合了葡萄牙巴洛克建筑风格。卢廉若公园以"春草堂"水榭厅堂为园林建筑的主体，通过堂前的池塘、迂回的曲桥、幽静的竹林如一幅有声有色的立体画卷，于 1992 年被评为"澳门新八景"之一，是澳门唯一一个被选进"澳门八景"的公园。

园内景点分布得当，错落有致，从正门步进卢园，经过门口的大铁门，迎面可见青砖绿瓦，书有"屏山镜海"四个大字的古色古香的圆形拱门（见

①　吴尧，朱蓉. 澳门城市发展与规划［M］. 北京：中国电力出版社，2014：176 −180.
②　黄文辉. 侬家正住莲花地：澳门历史建筑文化解码筑［M］. 广州：花城出版社，2019：138 −140.

图 2 - 101），另有三幅灰雕，包括山水、喜鹊等装饰图案。围墙等终端是养心堂所在。拱门的地上有石砌成的仙鹤图案。穿过拱门，中间有"心清闻妙香"五个大字，周围同样有山水花鸟灰雕。脚下是一片黑白相间石块铺砌成的圆形地，再往前方是一座大理石雕的观世音像。越过曲木桥和丛林后可见一幅浅浮雕复制品《后羿求仙丹》，浮雕两侧有一副对联，上联描写满园繁绿清新的景观，下联则是祝福园主如鲤鱼跃龙门，官运亨通①。

图 2 - 101　卢廉若公园正门

尽管中国传统的造园美学是岭南园林的主导思想，但西方的元素在这里并非格格不入，岭南园林懂得在吸收中国传统园林精华的同时，借鉴、融合西方造园手法，如在中式园林建筑中采用拱形门窗、巴洛克风格的柱头、西式护栏、铸铁花架、条石砌筑的规整式水池等。这种中西合璧的手法在澳门的卢廉若公园中也有所体现。

卢廉若公园更是糅合中西风格的园林建筑的"展览馆"②。这个花园里的建筑元素十分丰富，有巴洛克特色的建筑墙壁、西方古典式柱子、拱形门窗、葡萄牙风格的百叶窗、浅浮雕装饰的雕花图案、几何装饰纹样、宝瓶栏杆、

① 邓锐，周妍. 澳门卢廉若公园中的诗情画意［J］. 广东园林，2020（1）：11 - 13.
② 童乔慧，张洁茹. 澳门近代风景园林研究［M］. 北京：社会科学文献出版社，2016：82 - 85.

铁艺栏杆等，同时这里又有中式的飞檐、灰塑、回纹栏杆等。花园中的建筑构造采用了抬梁式木构架，屋脊大多高起透空，门头用泥塑、陶塑或砖雕装饰，建筑物的色彩比较鲜艳。

"春草堂"虽是典型的中国建筑，但房屋的外墙却采用了葡萄牙人喜用的米黄色，并配以白色线条，12 根廊柱采用哥特式建筑形式，高约 6 米，柱顶饰有白色欧式花纹，水塘平台的座椅式栅栏是中国人喜欢用的鲜红色①。建筑风格中西合璧，使用西式柱式、宝瓶檐墙、平屋顶、拱圈门窗，同时也用中式琉璃瓦边檐、美人靠等中式构件，反映出建筑的中西方文化交融的特点。如图 2 - 102 所示。

(a)

(b)

图 2 - 102　春草堂

2. 娱乐休闲建筑装饰纹样的构成规则

（1）岗顶剧院建筑装饰纹样的构成规则。

第一，几何构图秩序。岗顶剧院建筑装饰纹样以西式建筑中常见的几何形为主，多以圆形、方形、菱形作为装饰纹样。纹样布局与排列上呈现出对称、重复的秩序，形成建筑装饰井然有序的视觉化图案效果。几何化秩序美学融合于建筑中，形成具有秩序性、均衡感和庄重感的建筑场景。如图 2 - 103、图 2 - 104 所示。

第二，视觉平衡秩序。视觉平衡秩序是指装饰纹样呈左右、上下对称式分布，对称式构图给人以平衡、稳定的秩序感。如岗顶剧院镜厅的墙面装饰

① 陈以乐. 浅析澳门三大名园遗存的成因 [J]. 大众文艺，2019（2）：12 - 15.

图 2 – 103 镜厅门面装饰

图 2 – 104 木质栏杆装饰

（见图 2 – 105）、休闲区壁炉墙面的装饰纹样（见图 2 – 106）、墙面壁灯装饰（见图 2 – 107），休闲区墙面装饰纹样（见图 2 – 108）、外墙面装饰纹样（见图 2 – 109）以及棚顶边框装饰（见图 2 – 110）等，无论是单体建筑构件上，还是单个图案图形，都采用了左右对称式的分布形式。整体在美观的基础上还呈现出平衡的秩序感。

图 2 – 105 镜厅墙面装饰

图 2 – 106　壁炉墙面装饰　　　　　图 2 – 107　墙面壁灯装饰

图 2 – 108　休闲区墙面装饰

图 2 – 109　外墙面装饰

图 2 – 110　棚顶装饰图案

第三，视觉中心秩序。纹样视觉中心秩序主要以视觉中心点向外延伸的形式为特点。视觉中心秩序的装饰纹样多表现在岗顶剧院棚顶纹样中，多以几何图案形态，从中心向外放射，营造出稳定均衡感。多存在于木质栏杆及棚顶装饰中。如图 2 - 111 和图 2 - 112 所示。

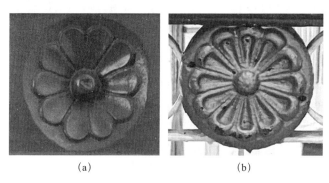

(a)　　　　　　　　　　(b)

图 2 - 111　木质栏杆装饰

图 2 - 112　室内棚顶装饰

（2）卢廉若公园建筑装饰纹样的构成规则。

第一，几何构图秩序。卢廉若公园建筑装饰纹样以中式建筑中常见的几何图形为主，多以圆形、方形作为装饰纹样。纹样布局与排列上呈现出对称、重复的秩序，形成建筑装饰井然有序的视觉化图案效果。几何化秩序美学融合于建筑中，形成具有秩序性、均衡感和庄重感的建筑场景。如图 2 - 113 所示。

| (a) | (b) | (c) |

图 2 - 113　窗

第二，视觉平衡秩序。卢廉若公园建筑装饰纹样布局及形式上呈现出对称、均衡和重复的秩序，形成建筑装饰井然有序的视觉化图案效果，形成具有视觉平衡的秩序感（见图 2 - 114 ~ 图 2 - 116）。

卢廉若公园建筑装饰纹样的视觉平衡秩序是通过对称、重复、对比、调和、导向等多种手法来实现的。这些手法综合运用，创造出了富有美感和和谐感的建筑装饰纹样，为建筑的整体风格和氛围增添独特的魅力。

图 2 - 114　圆形宝瓶栏杆

图 2 - 115　石栏

图 2 – 116　外墙立面

第三，视觉中心秩序。纹样视觉中心秩序主要以视觉中心点向外延伸的形式为特点。视觉中心秩序的装饰纹样多表现在卢廉若纹样中，多以几何图案形态，从中心向外放射，营造出稳定感和均衡感。如图 2 – 117 所示。

图 2 – 117　漏窗

3. 娱乐休闲建筑装饰纹样的材质类别

（1）岗顶剧院建筑装饰纹样的材质类别。

第一，石。在岗顶剧院建筑装饰中，石雕多以卷曲的山花、回纹、植物纹、花纹呈现在壁柱及壁龛上等。从石雕的使用部位可以看出中西方建筑的差异性。中国的石雕装饰以"实用性"为前提，如保护柱础、墙基、门轴等，然后才具有装饰意义。西方石雕主要以装饰为主。在内容表现上，中式石雕以表达吉祥寓意为主题，而西方石雕则多以宗教意义为主的巴洛克装饰风格为主。石材在岗顶剧院建筑纹样中具有重要的作用，它不仅为建筑物提供有效的支撑和保护，增强建筑美感，而且作为装饰必要载体有效传达出建筑物的特定风格。如图2-118～图2-123所示。

图2-118　镜子石膏边框

图2-119　石膏柱顶装饰

图2-120　石膏柱底装饰

图2-121　石膏立柱

图 2 – 122 墙面石膏柱

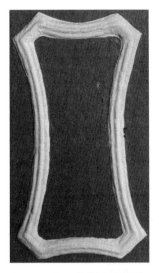

图 2 – 123 外墙石膏浮雕

第二，砖。岗顶剧院建筑中的瓷砖装饰主要是葡萄牙彩色瓷砖。色调以蓝白、黄白为主。在门厅的墙裙部分也有图案式彩色瓷砖。彩色瓷砖在17～18 世纪葡萄牙建筑中具有最突出的装饰特色。在少数奢华的葡萄牙建筑中，黄、蓝、白色图案的瓷砖铺盖了大片的内部和外部墙面。这种平面装饰艺术对活跃葡萄牙朴素无华的建筑有着极其重要的作用。如图 2 – 124 所示。

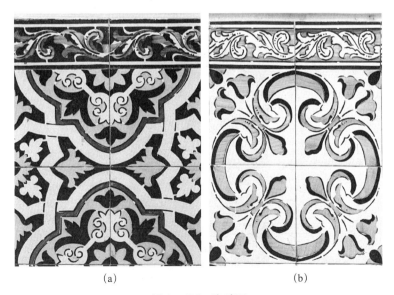

(a)　　　　　　　　　　(b)

图 2 – 124 瓷砖画

第三，木。木材主要集中在岗顶剧院的门窗框架与楼梯围栏中，赋予了建筑古典、优雅、匠心之美，在岗顶剧院建筑构件中，以木雕的形式呈现在门、窗及栏杆等建筑装饰纹样中，雕刻的方式以镂空雕和浮雕等形式为主，装饰纹样内容上多以几何化图案、植物花纹为主，装饰性较强，并且有一定凹凸，可以产生一定的阴影效果。如图 2 – 125 ~ 图 2 – 127 所示。

(a)　　　　　　　　(b)　　　　　　　　(c)

图 2 – 125　木门

图 2 – 126　木窗

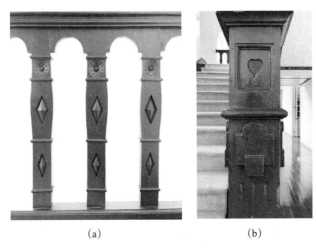

(a)　　　　　　　　　(b)

图 2 - 127　木栏杆

第四，铁。在岗顶剧院建筑构件中，铁制部件出现得较少，仅在二楼观众席前月牙形铸铁围栏中有出现，装饰纹样采用流畅曲线花纹形式，带有较强的装饰韵味，呈现出自由、高雅、和谐之美。如图 2 - 128 所示。

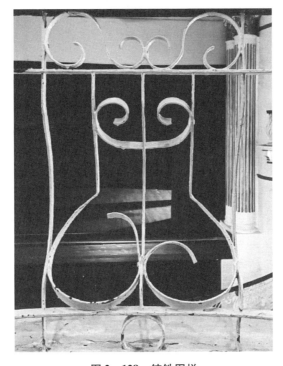

图 2 - 128　铸铁围栏

— 83 —

（2）卢廉若公园建筑装饰纹样的材质类别。

第一，石。石材质在卢廉若公园建筑中以石雕和石栏杆、石柱形式体现。石雕刀法浑厚，风格拙朴，雕刻的形象较为写意。石材在卢廉若公园建筑纹样中具有重要的作用，它不仅为建筑物提供有效的支撑和保护、增强建筑美感，而且作为装饰必要载体有效传达出建筑物的特定风格。如图2-129、图2-130所示。

图2-129 石雕建筑小品

图2-130 九曲桥石栏杆

第二，砖。砖刻题材多以人物故事、童话典故以及梅、菊、牡丹等花卉形式为主。砖材质主要出现在卢廉若公园内墙面上及园内建筑的墀头（见图2-131）。墀头是建筑正面檐口下山墙顶端的线脚及装饰品，作用是使屋檐和墙身顺畅衔接。墀头的装饰题材分为上、中、下三部分。包括砖叠涩、斜面形和翻花形。砖叠涩指以砖片逐层向外出挑以承挑檐，做法简易。斜面形则是将砖叠涩表面胡上灰泥使其成为斜面，以斜面上彩绘图案做装饰。翻花形则是外观为倾斜面，一般由三层向上翻卷的花瓣组成。墀头的装饰多以梅、菊、牡丹等花卉形式为主，墀尾装饰纹样多为吉祥如意、福寿平安等题材。

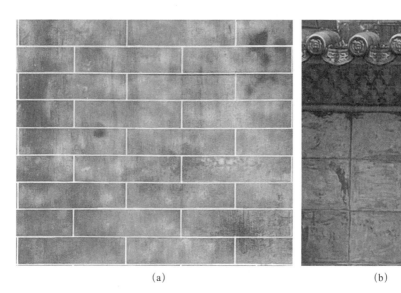

（a）

（b）

图 2 - 131　砖材质

第三，木。木制品在建筑装饰中多以木雕的形式呈现。木雕的使用部位非常多，木制品的可见表面均可以进行装饰。卢廉若公园木雕属于以广东潮汕为代表的雕饰技法，具有与闽粤沿海地区相似的特点，多以回纹、植物花纹题材为主，雕面刷金。木雕多出现于园内凉亭建筑梁架上。如图 2 - 132所示。

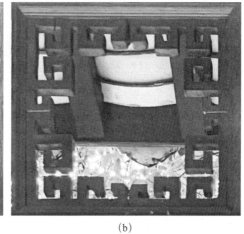

（a）

（b）

图 2 - 132　木材质

第四，彩绘。无论是中国传统建筑还是西式建筑，都有用色装饰习惯，但在使用的部位及手法上会有所不同。在中国传统色彩观念中，色彩的运用并不是随意为之，色彩有着明确等级之分，同时也是地位和身份的象征。在卢廉若公园建筑中用色主要有两种方式：一种是上漆，用于木料；另一种是以矿物颜料为主，在建筑上用漆刷色，不仅可以保护木材，不同的色彩也寓意着建筑的不同等级。

建筑中的色彩图案通常称彩绘，澳门地区商人较多，等级观念较弱，卢廉若公园建筑用色受闽粤习俗影响，大多采用"扫金"。以金粉涂于建筑表面，由于木料或者墙面材质的特性，彩绘一般没有晕染效果，且色彩比较浓艳。

彩绘在卢廉若公园建筑中一般用在墙的上堵或者门上，根据绘画的技法不同可以分为平涂彩画和水墨彩画。平涂彩画以颜色平涂而成，特点是注重平面效果，不考虑透视理论。在卢廉若公园内，彩绘多用在檐下或室内墙楣部位，以避免雨水淋湿。彩画高度在60厘米左右，通常分割成若干幅画，外檐部位以写意山水、人物故事题材为主。彩绘虽然是平面性装饰，但具有彩色效果，成为墙面与屋顶的过渡，避免墙面素白的单调感。如图2-133所示。

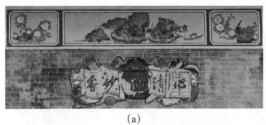 

(a)　　　　　　　　　　　　　(b)

图2-133　彩绘

第五，陶瓷。由于彩陶塑釉色丰富，但硬度不够容易断裂，因此，一般出现在建筑较高的部位。陶塑装饰用色上以青、蓝、褚三色为主，内容上以如意、八宝等吉祥物为主。浅浮雕复制品《后羿求仙丹》，浮雕两侧有一副对联，上联描写满园繁绿清新的景观，下联则是祝福园主如鲤鱼跃龙门，官运亨通。如图2-134所示。

图 2 - 134　陶塑装饰

4. 娱乐休闲建筑装饰纹样的构件分布

（1）岗顶剧院建筑装饰纹样的构件分布。

澳门的西式建筑是葡萄牙人在澳门定居后按照家乡模式建造房子而出现的，不管在思想上还是形式上都是西方建筑的直接移植。但在移植的过程中，由于建筑材料、建筑技术等问题，澳门的西式建筑又与西方传统建筑不完全相同。岗顶剧院建筑为典型的新古典希腊复兴风格，建筑装饰纹样主要集中在柱子、壁柱、山花、门窗、栏杆上。

第一，门窗。门主要用于防御，内门主要起到分隔空间的作用。岗顶剧院门为实木板门，外门装饰多为卷花纹，装饰性较强，如图 2 - 135 所示。墙体为粉绿色，外部门窗为墨绿色，墙体边缘带有白色边框，较为精致。内门也做屏门，装饰以镂空的几何图形为主，如圆形、菱形等（见图 2 - 136）。开门形式主要是双开门。

直角方额窗是最简单的窗，也是使用最多的窗，其特征是窗洞口呈方形开启，宽度在 1～1.5 米，高度是宽度的 1～2 倍。窗过梁通常由石质平拱或木梁支撑。拱形窗是围绕上部的尖拱做了一圈假券面和线脚，但窗的下部不做任何处理。岗顶剧院的窗子为直角方额窗和半圆拱形窗，具有很强的装饰性，在平整的墙面上开口，没有细部和装饰，如图 2 - 137、图 2 - 138 所示。直角方额窗在洞口周围有一圈为 20 厘米宽的直角边框，微微凸起，也称"贴脸"。贴脸为墙面和窗划了界限，并使窗洞从墙面中突显出来。

图 2 - 135　外门

图 2 - 136　内门

图 2 - 137　直角方额窗

图 2 - 138　半圆拱形窗

　　第二，屋檐。屋顶与墙体的交接有两种方式：一是挑檐，即屋顶顺着屋面方向延伸超出墙体而形成遮盖；另一种是封檐，即墙体垂直上升封住屋面，也称女儿墙。这两种都是澳门西式建筑常用的方式。受葡萄牙影响，檐口风格一直保持着"素淡性"的特征。在澳门，檐部最重要的是檐口，层层出挑的直线脚简单而生动。岗顶剧院基座部分有着洛可可装饰风格，装饰图案为镂空圆宝瓶式栏杆柱，材质主要采用石制。如图 2 - 139 所示。

图2-139　女儿墙

第三，围栏立柱。栏杆在建筑中有着重要的艺术作用，栏杆可以是石制的、木制的、铁制的，但石制栏杆在澳门使用是最广泛的，它常常夹在小墩子之间。在墩子上架上横跨墩子的线脚，也称之为扶手（见图2-140），扶手下起支撑作用的小柱子叫作栏杆柱，栏杆柱通常是旋出来的。岗顶剧院栏杆多以木制栏杆为主，装饰纹样以简单的几何形态，如圆形、菱形等，以及简单的花草纹作为装饰，如图2-141（a）所示。有的以雕刻的形式呈现，还有的以镂空的形式，勾勒出了栏杆空隙美丽的轮廓。

西方建筑从古希腊、古罗马时代就已经形成以柱式为主要特色的建筑形式。此后，柱子虽然不一定起着结构的作用，但仍是建筑不可或缺的内容，成为西方古典建筑的标志性符号。岗顶剧院建筑中爱奥尼柱头以卷涡纹为主要特征，两卷涡之间的1/4圆线脚形状的爱欣线脚，并刻有卵箭饰，柱头卷涡与额枋平行。如图2-141（b）所示。

图2-140　围栏扶手

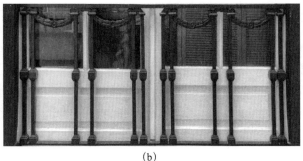

|(a)|(b)|

图 2 - 141　木围栏

（2）卢廉若花园建筑装饰纹样的构件分布。

卢廉若花园糅合中西风格园林建筑的"展览馆"。花园里的建筑元素十分丰富，有巴洛克特色的建筑墙壁、西方古典式柱子、拱形门窗、葡萄牙风格的百叶窗、浅浮雕装饰的雕花图案、几何装饰纹样、宝瓶栏杆、铁艺栏杆等，同时这里又有中式的飞檐、灰塑、回纹栏杆等。花园中的建筑构造采用了抬梁式木构架，屋脊大多高起透空，门头用泥塑、陶塑或砖雕装饰，建筑物的色彩比较鲜艳。

这些装饰不是凭空产生的，不是硬加上去的，也不是离开建筑构件独立存在的，澳门的中式建筑不仅继承着这一传统，也表现出一定的地方特色。澳门的中式建筑传承了闽粤建筑特征，如形式多样的山墙、丰富的彩陶屋脊、凹凸有致的高柱础、以民间花式饰为主的花格窗，还有闽粤特有的栅栏门和趟拢门等。

第一，门窗。由于功能的不同，门主要用于防御，内门主要起到分隔空间的作用。在葡萄牙人将铰链带进澳门之前，澳门建筑中的门都是按中式建筑的传统做法来安装的。中式传统建筑中，外门一般为实板门，内门多做镂花，也称屏门，如图 2 - 142（a）（b）所示。但卢廉若公园受中式园林风格影响，园内门的装饰多以简单的几何形态为主，且有不同的门洞形态，如瓶状洞门（见图 2 - 143）等。

窗是室内外环境联系的通道，具有采光的功能，同时可借取外景。窗的构件包括窗洞、窗框、窗棂和窗芯。窗洞是在墙上为容纳窗而开的孔洞，通常以几何形居多。窗棂是与窗洞交接的木框，随窗洞的形式变化而变化。卢廉若公园受西方建筑的影响，较早开始使用玻璃，多在窗棂间镶嵌玻璃。澳门的窗通常做内外两侧，里面的是玻璃窗，外面是百叶窗，这成为澳门的一大特色，木百叶窗和几何玻璃窗的窗棂几乎都是用当地杉木做的，如图2-144所示。百叶窗是活动式的，私密性较好，是一种非常实用的窗。

(a)　　　　　　　(b)

图2-142　屏门

图2-143　瓶状洞门

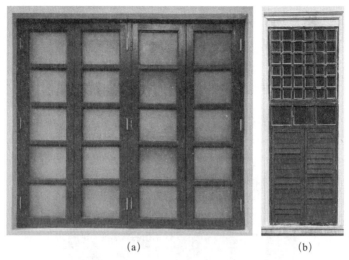

(a)   (b)

图 2 – 144　窗

第二，檐口。檐口又称屋檐。屋面与外墙墙身的交接部位。作用是方便排除屋面上的雨水和保护墙身，也是卢廉若公园内建筑重点装饰部位之一（见图 2 – 145），常见的有挑檐和包檐两种形式。

(a)   (b)

(c)

图 2 – 145　檐口

第三，围栏立柱。木栏多用在檐廊、游廊及楼阁眺台边缘。石栏多用于可承受载重的台基和池塘边缘。除此之外，还有混凝土栏杆，形象上模仿传统式样，园内池畔栏杆和窗户雕刻图案均为中式，尤其是栏杆设计。栏杆是园林设计中常有的具有实用功能且富有装饰效果的建筑构件，桥栏、楼栏、廊栏等花样繁多。卢园内的栏杆设计变化多姿，圆形、梅花形、六边形，还有仿木棂的拼花，而且图案设计有些呈几何化，栏板多做镂空处理。而且栏板往往打破单一一块栏板的设计模板，而是几块栏板并列，形成组合、单元的形式。栏板设计与栏板组合的比例关系，从视觉上给人更加修长、轻盈的感觉。卢园中的栏杆设计变化多姿，而不拘泥、不墨守成规，这迎合了明朝造园家计成所说的"予斯式中，尚觉未尽，仅可粉饰"的观点①。在一片碧绿色的园林景色中，大红色木制座椅起到了极强的点缀和悦目的作用，其经典的红色可使游人再次达到视觉高潮和情绪兴奋。追求景观艺术"虽由人作，宛如天开"的园林设计理论在卢园均有体现。如图 2 - 146 所示。

卢廉若公园内柱子主要为石柱，石柱有圆形、方形，并带有柱础，柱础的主要作用在于防止水汽顺着柱脚上升而造成受潮与腐蚀。园内柱础组合丰富，是多层叠加的复合式柱础，底层有圆形和方形，上层形式多样，有束腰形和方形重叠等。有时雕上植物花纹，精致美观。

在卢廉若公园里汇集了澳门各种中式和西式的栏杆，有宝瓶式栏杆，也有各种中式园林常见的镂空梅花形栏杆，或者红色的传统"美人靠"栏杆。同时，在局部运用了西方元素，如园内碧香亭在亭子梁柱装饰上采用了欧式的几何图案。

第四，铺地和天花。卢廉若公园内碧香亭地面：白色和墨绿色小瓷砖拼花构成几何图案，呈方形布局（见图 2 - 147）。主要功能以防滑防蛀美观为主。

第五，撑拱和瓦件。卢廉若公园内凉亭檐口下立柱与外挑梁处的斜撑构件，形如直角三角形，承担着屋檐重量作用的即为撑拱。撑拱装饰纹样多以镂空雕和浮雕的形式表现（见图 2 - 148）。图案型的撑拱外形呈卷草形。

---

① 计成. 园冶 [M]. 胡天寿，译. 重庆：重庆出版社，2009：122 - 125.

(a) 木栏

(b) 石栏

(c) 石栏

(d) 混凝土栏

(e) 混凝土栏

(f) 混凝土栏

(g) 混凝土栏

(h) 石柱

(i) 石柱

图 2 – 146　围栏立柱

图 2 – 147　卢廉若公园内碧香亭地面

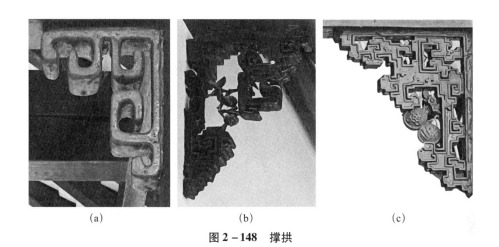

(a)　　　　　　　　　(b)　　　　　　　　　(c)

图 2 - 148　撑拱

第六，匾额、对联以及彩画。匾额、对联、彩画分布在卢廉若公园各园林景观凉亭中，多有着吉祥寓意，也体现着中式建筑独有的装饰特色。文字是匾额和对联的内容主体，表达着园主人的德行观以及对家族发展的愿景。如图 2 - 149 所示。

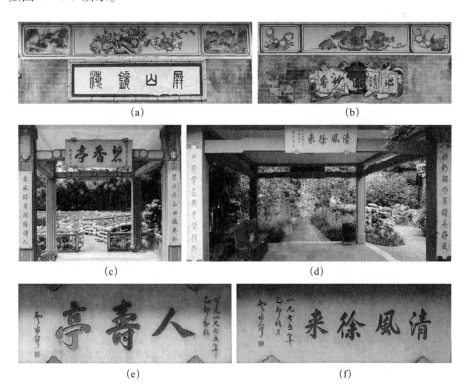

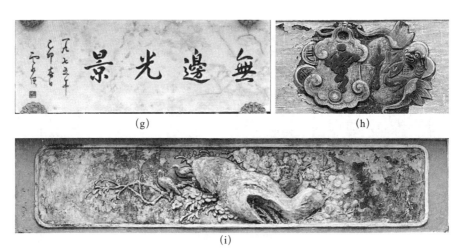

(g)   (h)

(i)

图 2 - 149   匾额、对联以及彩画

5. 娱乐休闲建筑装饰的纹样题材

（1）岗顶剧院建筑装饰纹样的纹样题材。

第一，平面几何。岗顶剧院建筑构件中有简单的几何造型纹样，借助直线、曲线勾勒出简洁的几何纹样。并附于建筑构件表面，制作材质多为石膏及木材质。如图 2 - 150 为岗顶剧院外墙立面纹样，图 2 - 151 为镜厅内镜子边框装饰纹样，采用直线、曲线进行装饰。

 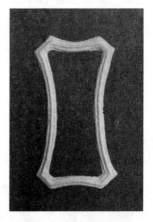

图 2 - 150   外墙纹样   图 2 - 151   边框纹样

第二，植物造型。岗顶剧院建筑构件中植物纹、花纹多有出现，且附于石柱及建筑立面之上，并且纹样多以对称形式呈现，制作材质多为石膏。

如图 2 – 152 所示。

(a)　　　　　　　　　(b)

(c)　　　　　　　　　(d)

(e)　　　　　　　　　(f)

(g)　　　　　　　　　(h)

(i)

图 2 – 152　岗顶剧院植物造型装饰纹样

（2）卢廉若公园建筑装饰纹样的纹样题材。

第一，平面几何。卢廉若公园建筑装饰中的平面几何纹样如图2－153所示。

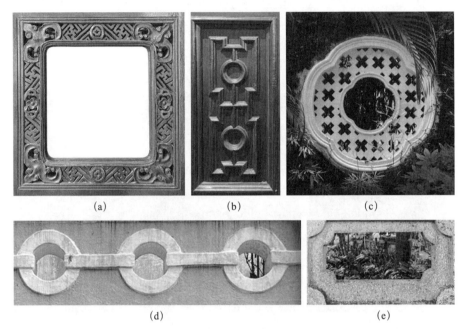

(a)　　　　　　　　　(b)　　　　　　　　　(c)

(d)　　　　　　　　　(e)

图2－153　卢廉若公园平面几何装饰纹样

第二，植物造型。植物纹样多分布在卢廉若公园围栏之中，制作手法多为镂空雕刻形式，从而形成装饰纹样。植物纹样主要以竹子造型居多，寓意着长寿、平安。花卉纹多分布在门窗、外墙壁等建筑构架中，有石雕、木雕、浮雕等不同材料及装饰形式。如图2－154所示。

第三，吉祥寓意。吉祥元素形成的图案，因不同的搭配体现不同寓意，主要表达了人们对财富功名、平安长寿和幸福美满的愿望，多以形象比拟、谐音比拟等形式表现。形象比拟多为动植物的象征意义，动植物单独形成图案或者组合使用；谐音比拟主要借助同音字来表达一定思想内容；在展示吉祥图案的方法上，有雕刻、灰塑、彩绘、拼接等多种方式，也有先雕塑然后制成彩陶，再组合成图案的模式。澳门历史建筑中娱乐建筑装饰纹样多处可见富有吉祥寓意的图案，这在中式卢廉若公园建筑部件中体现较多。从布局上来看，多在门洞、栏杆、砖雕之处。纹样多以石狮子形象呈现，狮子是力

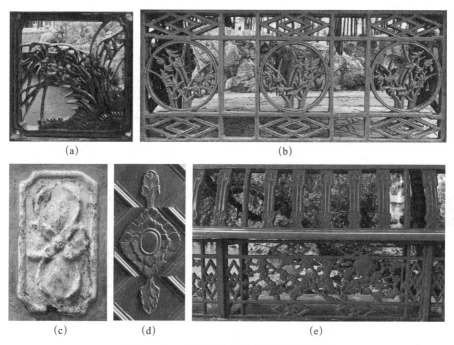

(a)　　　　　　　　　　　　(b)

(c)　　　　(d)　　　　(e)

图 2 - 154　卢廉若公园植物造型装饰纹样

量和尊严的象征，在传统文化中有着重要的地位。在中国传统文化中，狮子是吉祥物之一，象征着权威、尊严、勇气和财富，同时也有驱邪、祈福等重要意义。在门窗上也会有鱼和如意的装饰图案形象，表达了对福禄寿喜的渴望。牡丹代表着雍容华贵，寓意长命富贵，运用牡丹、寿石等元素雕刻的砖雕，既可以彰显雍容大气，又能体现出富贵吉祥之意。如图 2 - 155 所示。

6. 娱乐休闲建筑装饰纹样的符号象征

历史建筑的装饰纹样体现了东西方文化多元共存，这种现象大大丰富了中葡文化，多元文化共存是澳门建筑及细部装饰的首要特征。在多种文化交流碰撞中产生的中西合璧的建筑文化是澳门最独特、最珍贵的内容。

（1）文化思潮与审美情趣。

建筑装饰纹样主要体现在门窗、对联、匾额等大量木质雕刻上，此外，还体现在墙壁、石栏、铁栏上。内容丰富的吉祥纹样题材有着美好的吉祥寓意和浓厚的文化底蕴，卢廉若公园装饰不仅有着中式园林的婉约、细腻，又

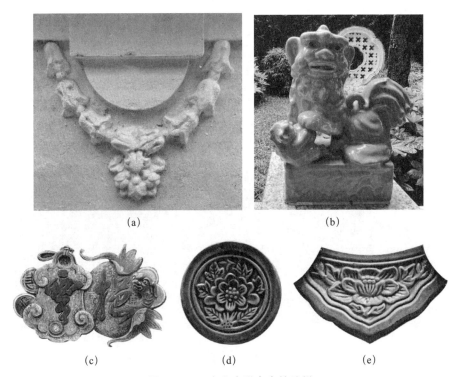

(a) (b)

(c) (d) (e)

图2-155 富有吉祥寓意的纹样

有着西式装饰风格的精致与高雅，以及文人独特的典雅风格，反映出园林主人较高的审美情趣。

（2）风水寓意与精神寄托。

在中西交融的现代化城市里，依旧保留着苏州古典园林风韵特色。园内景色如画，秀丽、恬静，给人一种以小见大之感。亭台楼阁，池塘石山，小桥流水，曲径回廊，一步一景有着繁绿清新的景观，寓含着鲤鱼跃龙门、官运亨通之意，以及园主对自身行为品格的要求、对美好生活的期许、对家族长久稳定发展的愿景。

第三章

我国澳门地区历史建筑装饰纹样总述

一、澳门历史建筑装饰纹样的文化及审美

文化和美学视角下的研究对于澳门历史建筑装饰纹样的保护与传承具有重要意义。研究可以关注纹样的传统制作技艺、材料使用和工艺特点，探讨如何传承和保护这些技艺和知识。同时，研究可以提出相应的保护措施和策略，促进澳门历史建筑装饰纹样的可持续发展和传承。

1. 澳门历史建筑的装饰纹样

历史建筑装饰纹样是文化遗产的一部分，具有重要的历史和文化价值。研究这些纹样可以帮助我们更好地理解过去的艺术和文化表达方式。扎根理论视角下的研究旨在将其置于特定的历史和文化背景中，深入挖掘这些纹样的文化内涵。

（1）澳门历史建筑装饰纹样的主要类型范畴确定。

采用扎根理论的方法，深挖装饰纹样在此存在的原因及其背后的故事，是对文化的深度解读。扎根理论是一种质性研究方法，旨在深入理解特定领域的现象，并建立起对其背后的意义和脉络的理解。在历史建筑装饰纹样研究中，扎根理论的应用可以帮助我们深入探索纹样的起源、发展和影响，并理解其在特定文化和历史背景下的意义和价值。澳门基于历史原因，有着不同于其他内陆城市的且非同寻常的多元文化融合的特点。通过研究装饰纹样与社会历史变迁的关联性，深入探究基于多元文化视角下的澳门历史建筑装饰纹样中蕴藏的文化内涵，将澳门装饰纹样系统梳理，归纳纹样的文化内涵。研究成果可为澳门近代居住建筑修复、传承作参考，也为澳门近代历史研究新增不同的研究切入点，进一步在深度和广度上推进研究，将时代发展和历

史走向作为大背景对澳门历史建筑装饰纹样进行多维探讨，从而得出澳门历史建筑纹样出现以及演变过程中存在的特殊性与规律性。

选择具有代表性丰富装饰纹样的历史建筑作为研究对象，运用扎根理论的三级编码分析过程进行提炼、整理和归纳，以确定范畴。首先，通过实物观察和二手文献资料获取关于绕家服饰纹样的数据，对内容进行独立编码形成文本；其次，对这些资料进行开放式编码，主要通过对文本资料进行初步概念化，提炼并归纳形成范畴，最终获得了一定数量的范畴；最后，在与澳门历史建筑与装饰纹样专家进行沟通后，最终确定了澳门历史建筑装饰纹样的类别，将其划分为植物类纹样、动物类纹样、鱼虫鸟蝶类纹样、自然星辰类纹样、几何类纹样和复合型纹样。

通过这一分析过程，研究者能够更好地理解历史建筑的装饰纹样特点，并将其归纳为不同的类别，从而有助于揭示历史背景和文化融合对建筑装饰的影响。这种研究方法为深入了解历史建筑纹样提供了有力的工具和框架，同时也为后续研究和保护历史文化遗产提供了重要的参考。

（2）基于主要范畴的澳门历史建筑装饰纹样符号提取。

纹样是直观反映地区文化的元素符号，通过数字化的技术手段研究和提取纹样元素可以分门别类地研究其文化符号。根据前文扎根理论研究确定的澳门历史建筑装饰纹样的类别，为了系统性地研究不同类别的纹样造型、题材来源和文化表达，研究团队通过田野调查、文献书籍等渠道走访搜集拍摄获得澳门历史建筑装饰物200余件。首先，对代表性的装饰纹样进行了数字化还原，对建筑上的纹样进行分类切割提取其中的元素符号，并将之根据不同的题材进行分类整理，对纹样符号的文化寓意和命名方式进行深入研究；其次，对纹样符号进行系统化的命名并建立纹样数据库；最后，确定澳门历史建筑纹样符号的具体分类体系，从而进一步从分析结果中提取出历史建筑装饰纹样的意义和价值。这涉及将纹样与特定的历史事件、文化观念和社会背景相关联，理解其在文化传承和表达中的作用。

第一，研究团队通过田野调查和文献研究的方式，积极搜集了澳门历史建筑装饰物，涵盖了丰富多样的纹样样本。这些样本不仅仅是建筑的装饰，更是历史的见证，蕴含着社会变迁、文化交流和历史演变的信息。团队对代表性的装饰纹样进行数字化还原，这意味着通过先进的技术手段将纹样从实物中提取并呈现出来，以便进行更深入的分析。这样的数字化过程不仅有助于精确捕捉纹样的细节，还能为后续的研究提供数据支持。在数字化的基础上，团队对这些纹样进行了分类切割，提取其中的元素符号。通过这一步骤，研究者可以更清晰地看到纹样的组成部分，进一步分析其构造和特点。第二，团队将这些元素符号根据不同的题材进行分类整理。例如，植物类纹样、动物类纹样、鱼虫鸟蝶类纹样、自然星辰类纹样、几何类纹样和复合型纹样等。这种分类的方式有助于对纹样的共性和差异进行分析，从而更好地理解其在文化中的作用。最重要的是，团队在对纹样进行分类整理的同时，深入研究了纹样符号的文化寓意和命名方式。这一步骤的意义在于，通过了解纹样的背后文化内涵，可以揭示纹样与历史事件、社会背景的联系，从而更准确地解读其在建筑中的意义。通过建立纹样数据库，并对纹样进行系统化的命名，团队不仅整理了丰富的数据，还为后续的研究提供了基础。这个过程的精心设计，使得研究者能够在纹样中发现历史的印记、文化的交融以及社会的变迁。纹样不再只是表面的装饰，而成为了理解历史和文化的窗口。第三，这项研究使得澳门历史建筑装饰纹样的意义和价值得以浮现。纹样成为了一个连接过去和现在的桥梁，通过数字化技术的揭示，我们能够更深入地了解文化的传承和表达。这样的研究方法不仅为历史建筑保护和文化传承提供了新的途径，也为我们认识世界的多样性和丰富性提供了更深刻的视角。

（3）澳门历史建筑装饰纹样符号的文化内涵解读与应用。

基于扎根理论视角的历史建筑装饰纹样研究对于理解和保护文化遗产、促进文化交流、启发艺术创作以及塑造社会认同具有重要意义。通过详细的资料收集和分析，可以深入理解历史建筑装饰纹样的意义和价值，并将其应用于当代设计和文化表达中。这项研究将对保护和传承文化遗产，促进城市更新和文化发展产生积极的影响。

基于扎根理论的历史建筑装饰纹样研究在多个方面具有重要的意义，从文化遗产保护到社会认同的形成，都能受益于这一研究视角的应用。历史建筑装饰纹样是一个地区文化的重要组成部分，承载着丰富的历史、社会和艺术信息。通过扎根理论的深入研究，我们能够深刻理解这些纹样的文化内涵，从而更好地保护和传承文化遗产。通过对纹样的分类、分析和解读，我们能够揭示纹样背后的故事，将这些故事传承给后代，确保文化的延续。历史建筑装饰纹样研究有助于促进文化交流和跨文化理解。纹样作为一种视觉语言，能够跨越语言和地域的限制，通过研究不同地区的纹样，我们可以了解不同文化之间的共通之处和差异之处。这有助于加强不同文化之间的联系，促进文化的交流和融合，实现文化多样性的共存。历史建筑装饰纹样研究也能够启发艺术创作。通过深入理解不同纹样的构造、形态和寓意，艺术家可以从中汲取创作灵感，将传统的纹样元素融入到现代的艺术作品中，创造出具有独特魅力的新作品。这样的艺术创作不仅丰富了当代文化，也延续了历史建筑纹样的生命力。历史建筑装饰纹样研究有助于塑造社会认同。这些纹样不仅仅是装饰，更是一个地区、一个文化的象征。通过深入研究和理解这些纹样，社会成员可以建立起对自己文化的认同感，增强对文化传承的重视，从而推动文化的传承和发展。

总的来说，基于扎根理论的历史建筑装饰纹样研究不仅有助于理解和保护文化遗产，还能促进文化交流、启发艺术创作以及塑造社会认同。这一研究视角的应用将为我们的文化传承和发展带来深远的影响，使历史建筑纹样的价值得到充分挖掘和传承。

基于扎根理论视角的历史建筑装饰纹样研究具有一定的文化意义，有助于文化保存和传承，研究历史建筑装饰纹样可以帮助我们保存和传承文化遗产，保护和重视过去的艺术和文化表达方式。可以帮助促进文化交流和对话：通过研究纹样的起源和发展，我们可以了解不同文化间的交流和影响，促进跨文化的对话和理解。此外，历史建筑装饰纹样研究还能够为当代艺术和设计提供灵感和借鉴。许多当代设计师和艺术家常常从历史纹样中汲取创意，将传统元素与现代设计相结合，创造出独特的作品。通过深入研究纹样的形态、寓意和设计原则，可以为当代艺术和设计领域注入新的活力，丰富创作的内容和形式。历史建筑装饰纹样研究也有助于加深对地域文化的认知。不同地区的建筑纹样反映了当地的历史、风俗和价值观，通过研究这些纹样，可以更加深入地了解特定地域的文化特点和传统。这对于保护地域文化的多样性以及推动地方文化的发展都具有积极作用。基于扎根理论的历史建筑装饰纹样研究不仅在学术领域具有重要价值，还在文化领域和艺术创作中具有广泛的应用前景。通过深入研究纹样的历史背景、文化内涵和设计特点，可以更好地理解过去的文化表达，为未来的文化传承和创新提供有力支持。这一研究视角的应用将为文化研究和文化创意产业带来丰富的成果，同时也能够促进不同文化之间的交流和融合。

基于扎根理论视角的历史建筑装饰纹样研究也拥有一定的社会应用性价值。对澳门历史建筑装饰纹样符号的分割提取，有助于促进艺术创作和创新设计灵感，纹样的研究可以为当代艺术创作和设计提供灵感和参考，丰富现代艺术的多样性和创新性，并且这种艺术创新富有文化内涵。而且这些具有历史文化含义的装饰符号的创新应用，有助于促进社会文化和身份认同的构建。历史建筑装饰纹样反映了特定社会和文化的价值观和身份认同，研究这些纹样可以帮助我们更好地理解和尊重不同社会和文化的多样性。

基于扎根理论视角的历史建筑装饰纹样研究在社会应用方面具有广泛的价值。首先，对澳门历史建筑装饰纹样的符号进行分析和提取，为艺术创作和设计提供了丰富的创作灵感。这些纹样蕴含着丰富的历史和文化内涵，可以为当代艺术家和设计师提供独特的创作素材，从而丰富和拓展现代艺术的表达形式。这种创作不仅具有艺术美感，还能够传递深刻的文化意义。其次，历史建筑装饰纹样的研究在社会文化和身份认同的构建方面具有积极影响。这些装饰纹样反映了特定社会和文化背景下的价值观、信仰和身份认同。通过深入研究这些纹样，可以更好地理解不同社会和文化之间的差异和联系，促进跨文化的对话和理解。同时，将历史建筑装饰纹样的元素融入当代设计和创作中，可以强化社会文化的连续性，让人们更好地认识和传承自己的文化遗产。

总之，基于扎根理论视角的历史建筑装饰纹样研究不仅有助于艺术创作的创新和文化传承，还可以促进社会文化的交流和身份认同的建构。这种研究既尊重了历史文化的丰富性，又在当代社会中发挥了积极的价值和意义。

2. 地域特征造就的审美文化

基于美学和文化视角的研究可以深入探讨澳门历史建筑装饰纹样的美学价值、文化符号、跨文化交流和保护传承等方面，为我们更好地理解和欣赏澳门历史建筑装饰纹样的发展提供深入的认识。

的确，基于美学和文化视角的研究对澳门历史建筑装饰纹样的深入理解和欣赏具有重要作用。具体体现在以下几个方面。

第一，澳门历史建筑装饰纹样的美学价值的探讨：澳门历史建筑装饰纹样的通过深入研究装饰纹样的设计、构图、色彩运用等美学元素，可以揭示纹样的审美特点和价值。这有助于我们更好地欣赏历史建筑装饰纹样的美感，从而提升我们对建筑艺术的鉴赏能力。

第二，澳门历史建筑装饰纹样的文化符号的解读：澳门历史建筑装饰纹样的历史建筑装饰纹样常常承载着丰富的文化符号和象征意义。通过研究这些纹样的文化内涵，可以帮助我们理解不同时期和地域的文化价值观、宗教信仰等。这有助于加深我们对当地文化的认知。

第三，澳门历史建筑装饰纹样的跨文化交流的认识：澳门历史建筑装饰纹样的研究不仅局限于本地文化，还涉及跨文化的交流和影响。通过对纹样的起源、演变和影响因素的探究，可以揭示不同文化间的互动和交融，为跨文化交流提供深入的案例。

第四，澳门历史建筑装饰纹样的保护传承的指导：了解澳门历史建筑装饰纹样的发展历程和文化背景，有助于指导文化遗产的保护和传承工作。通过研究纹样的演变轨迹，可以制定更有针对性的保护策略，确保这些宝贵的文化资源得以保存下来。

综合而言，美学和文化视角的研究为我们揭示了历史建筑装饰纹样的多重意义和价值，同时也为我们更好地理解和欣赏这些纹样提供了深入的认识。这种研究不仅有助于学术领域的探讨，还对社会文化的传承和交流产生了积极影响。

（1）岭南自然气候影响的装饰纹样审美文化。

澳门的气候条件对其历史建筑装饰纹样的形成和发展产生了重要影响。亚热带季候风气候让澳门经历了多次风暴和飓风的袭击，尤其是在 19 世纪，这些自然灾害给澳门的建筑物带来了巨大的挑战。这种气候环境对于澳门历史建筑装饰纹样的样式和特点产生了深远的影响，可以从以下几个方面来看。

第一，装饰纹样耐风性和结构稳定性：面对频繁的风暴和飓风，澳门的建筑物必须具备较强的耐风性和结构稳定性。这直接影响了建筑的外观和构造。历史建筑装饰纹样往往会在保持建筑稳定性的前提下，融入一些具有防风功能的设计元素，如牢固的支撑结构和坚实的墙体。

第二，装饰纹样建筑材料选择：鉴于风暴的威胁，澳门的建筑物常常会选择耐久且坚固的建筑材料，如石头、砖块等。这些材料不仅能够承受风暴的袭击，还可以成为装饰纹样的一部分，赋予建筑物独特的质感和外观。

第三，装饰纹样的设计：由于气候条件的限制，澳门的历史建筑装饰纹样可能更倾向于简约、实用和耐用。装饰元素往往会与建筑结构紧密结合，形成既美观又具有防护作用的纹样。例如，在建筑物的外墙上可能会采用砖雕工艺，创造出既具有装饰效果又能增强结构稳定性的纹样。

第四，装饰纹样风格的多样性：澳门的历史建筑装饰纹样由于受到多次飓风的破坏和重建，可能在不同的历史时期和建筑风格间形成了多样性。这些风格的变化可以反映出不同时期对于气候适应性和建筑结构稳定性的不同考量，从而形成了丰富的装饰纹样。

澳门的气候条件在塑造其历史建筑装饰纹样的过程中起到了重要作用，使得这些纹样兼具实用性、美观性和防护性，反映出了建筑与环境之间的紧密关系。如体现民俗民风的天后庙等建筑装饰上呈现明显的地域特色并兼具中西元素。天后庙山门两侧采用西式立柱，柱上白花浮雕饰面、柱顶以球状造型收结，这与葡式建筑追求几何图像、雕饰精细繁复以及善用自然题材图案的风格相符，极具艺术形象。立柱之间以半月形拱券连接，券下门额处书"天后古庙"四字，额下门洞采用中式古典园林的满月门形状。山门通身黄底粉刷，辅以白色线脚点缀，加上黄文海道士所书的繁体汉字楹联"月照明心来圣地，镜台指点出迷津"，红底鎏金尽显神圣尊贵。这种中葡风格融合的山门装饰在澳门庙宇中极为少见，独具特色和辨识度。另外，天后庙建筑群各殿宇装饰也不同于传统宗教建筑繁复、华丽、跳跃的色调，倾向于朴实地展示中式建筑的木雕、石雕、砖雕的工艺特点。石雕构件主要有：入口两尊形态威严的站立石狮、主殿的花樽形石质柱础、沿边镶有凸起石珠的石基座、叠涩富有层次的石平台、主祀妈祖神像的石室石壁上左右各雕饰两尊的侍女神像以及各类石楹刻等，生动形象，类型以浮雕、线雕为主，整体较为简洁突出线条感。砖雕则主要集中于屋顶瓦件上，建筑坡屋顶层次丰富，覆以板瓦、筒瓦以及瓦当等屋面构件，表面以自然花草等植被图案作为饰面题材，并与围挡隔墙上各式形状的琉璃漏窗装饰相互成趣，形成统一的视觉效应。因木质材料常年暴露在海风下极易腐朽，故天后庙木雕装饰除主殿内木质匾额、梁下雀替以及木质佛像外，其余地方均较少使用。此外，正殿石室屋面采用广府的灰塑博古正脊，脊上左右分置鳌鱼，中立宝珠，形成"鳌鱼戏珠"的祥瑞意蕴。这种富有地域特点的造型装饰侧面反映了天后庙建筑深受岭南建筑灰塑做法的影响，也是地方文化在建筑营造上的外在表征之一。

（2）海洋文化影响的装饰纹样审美文化。

澳门海洋文化是中华文化的组成部分，东西文化交汇、中葡文化融汇，构成澳门海洋文化的一大特色。澳门作为中国历史上最早的"经济文化特区"，使澳门海洋文化在中华文化中，具有双向辐射的特殊作用。中国的历史文化名人对澳门海洋文化的形成起到了重要的作用。澳门海洋文化必将在新世纪的中华文化发展中，发挥无可替代的重要作用。澳门的文化原创主要渊源在于海洋文化的最早发育，在于它最早开拓和发展中国海上丝绸之路网络的主线"南海丝绸之路"，而深刻影响其文化的各个领域。屈大均说"目广东之地，天下尝以岭海兼称之"，不仅在于其地理，更因其海洋文化的发达。地理位置上，澳门因葡萄牙人的长期居留，以及长达四百多年的租借，中葡关系相较于其他欧洲国家都久远，使得澳门成为中国众多城市中特殊的地理单元，具有复杂且丰富的文化遗产。

妈祖文化是海洋文化体系的重要内容，澳门在数百年发展中从海岛变迁为半岛，其地方发展与妈祖文化关系密不可分，如天后庙的建造就是寄托了渔民的精神慰藉和美好愿望。同时基于信仰文化的连续性与共通性，妈祖文化拥有十分广泛的群众基础，沟通了不同地区之间的交往和联系，如庙门入口楹刻"母泽遍濠江，地灵昭镜海"、主殿石壁上的"滋陂远被敷天泽，闽粤同赡我后尊""指宝筏以通津，花雨点平千尺浪""望灵旗而拜阙，香云散作九州春""灵昭镜海通珠海，恩被涌门接澳门"等楹联石刻中的"濠江""闽粤""通津""珠海"这些具体地名指向。早期澳门渔业发达，渔民往来频繁，天后庙既是参拜酬神之地，也作为临时休憩整顿的场所，民俗氛围愈显浓厚。这种将宗教神圣性与生活实用性相结合，是妈祖文化在地化的具体体现。随着澳门支柱产业逐步过渡到工业、航运业及博彩业，渔业不再占据主导地位，渔翁街也由此进入工业化改造时期，修建了工业大厦与自来水厂等工业建筑。至此，在层出不穷的现代化钢筋水泥建筑中，以天后庙及其山体环境形成游赏中心，加之周边的农田和海湾，成为渔翁街的独特文化景观，吸引当时众多民众到此郊游野餐，一度成为澳门重要的观景胜地，承载着澳门人的集体回忆。自天后庙建立，殿内主祀的妈祖成为深受地方政府和海战官兵崇拜的海神，常有官兵参拜祈福。妈祖文化自此也成为了地方社会精神的重要指引，促进了民族记忆的价值承续。而天后庙中的建筑装饰纹样也显著体现了妈祖文化影响下代表各种民俗传统、祈福等含义，代表性地体现出海洋文化影响的澳门建筑装饰纹样。

（3）聚居乡土文化影响的装饰纹样审美文化。

澳门既是商业古城，又是文化古城，文化具有"以中为主，中葡结合"的特点，澳门历史建筑装饰纹样表现出中国传统聚居乡土文化影响的手工业和工艺性特质和"天人合一"精神的审美文化。

我国自古是以农耕劳作为基础的社会，形成用劳动创造生活的心理，因此建筑装饰艺术首先注重并强调的是以手工业为核心的制作工艺，继而才引发对艺术创作的思索。农耕社会中，建筑装饰艺术创作以手工艺技术为基础，手工艺技术便是艺术的表现形式。从岭南地区丰富的传统建筑装饰的案例来看，传统建筑装饰工艺可以分为石雕工艺、木雕工艺、砖雕工艺、灰塑工艺、嵌瓷工艺、彩绘工艺等，这些传统建筑装饰工艺均在澳门历史建筑装饰纹样中有所体现，其表现出澳门历史建筑装饰纹样对艺术品技艺或是匠作方面的心理追求。

农耕社会对建筑装饰艺术的影响确实是非常重要的，这种以劳动为基础的社会体系塑造了人们的价值观和审美观，也直接影响了建筑装饰的创作方式和风格。在农耕社会中，劳动和手工艺技术是人们生活的基础，因此建筑装饰的创作也是通过劳动和手工艺技术来实现的。这种基于手工制作的工艺传统赋予了建筑装饰作品独特的质感和人文情怀。在岭南地区丰富的传统建筑装饰中，石雕、木雕、砖雕、彩绘等工艺都是通过劳动和手工技艺来完成的，每一件作品都蕴含了工匠们的智慧和用心，呈现出深厚的文化内涵。这种注重手工艺技术的传统也影响了澳门历史建筑装饰纹样的创作，让这些纹样不仅仅是装饰，更是艺术品的体现。通过传统工艺的运用，澳门历史建筑装饰纹样表现出对精湛技艺的追求，同时也承载了历史、文化和民族的情感。这种注重工艺的精神使得这些装饰纹样具有独特的价值和意义，成为了文化遗产的重要组成部分。总的来说，农耕社会的劳动价值观和手工艺技术传统在建筑装饰艺术中产生了深远影响，使得纹样不仅仅是装饰的形式，更是一种文化的传承和情感的表达。这一传统在澳门历史建筑装饰纹样中得到了体现，为这些纹样赋予了独特的内涵和意义。

另外，我国传统的建筑装饰表现"天人合一"精神的审美文化。这一审美文化源自中国千年的哲学思想，贯穿于建筑、艺术和文化之中。这种观念深深植根于中国的文化传统，体现了人与自然、天与地之间紧密的联系，以及人类与宇宙和谐相处的理念。在古代，中国哲学家们就开始探索人与自然、宇宙的关系。这些哲学思想强调人与自然之间的和谐与平衡，以及人类在宇宙中的地位。孔子提出的"天命"思想，主张人应顺应自然的规律，与之和谐共生。道家哲学追求"道"与"自然"的合一，认为人应该追求与自然的和谐一致。儒家思想强调人类在社会中的责任和义务，以及人与社会的互动关系。

中国传统建筑装饰以其独特的方式体现了"天人合一"的哲学观念。在建筑的各个细节中，我们可以看到自然元素和人类创造的艺术完美融合。一个突出的例子是建筑的屋檐和梁柱上的装饰，它们常常以自然图案、动植物形态为基础，呈现出生机勃勃的景象。这些装饰不仅是对自然的模仿，更是对自然的敬畏和赞美，展现出人与自然和谐共生的理念。

传统建筑装饰中常常运用一些元素符号，如龙、凤、莲花等，这些符号在中国文化中有着特殊的意义。例如，龙象征着权力和尊贵，凤代表着幸福和美好，莲花象征着纯洁和高贵。在装饰中使用这些符号，不仅是对自然界的赞美，更是对中国传统价值观的体现。这些符号与自然元素融合在一起，呈现出"天人合一"的审美观念。

除了装饰元素，传统建筑的布局也体现了"天人合一"的思想，通过巧妙的布局和设计，将自然与人类生活紧密相连。例如，传统建筑中的天井是"天人合一"精神的具体体现。传统建筑常常设置庭院和天井，将自然引入建筑之中。在岭南地区的城镇大屋中，天井被赋予了重要的功能和象征意义，以实现与自然的和谐互动。庭院则创造了一个与自然对话的空间，使人们能够在自然的环绕中感受宇宙的力量。大屋为了追求稳定的室内气候，在天井上部开口处覆盖开合式平天窗，也有用通过滑轮和绳子，由下面控制开合，下雨时关窗，没雨时开窗。这一构思源于对室内气候稳定性的追求，同时也反映了对于人类与自然关系的深刻思考。

有些大屋还采用了更加精巧的设计来实现天井的功能。例如，通过在天井开口处设置小屋顶，将天井遮盖起来。在小屋顶的北墙或南北墙上开设一列活动竖窗，通常称为"水窗"，这种设计在不影响通风采光的同时，也防止了外界的雨水进入。这一设计灵感源自古典园林的构造，将自然元素与建筑结合，达到了自然与人工的完美统一。岭南城镇的大屋通过这些精妙的构思，不仅创造了舒适的生活空间，还展现了深厚的文化智慧，在精神上传达了人与自然和谐相处的理念。

此外，岭南民居建筑与建筑之间常以青云巷，也称为冷巷隔开，巷子的山墙成为重点的装饰部位，而澳门的民居建筑如郑家大屋和卢家大屋的山墙墙头也以灰塑、嵌瓷、彩画的形式表现出五种基本的元素——金、木、水、火、土，也反映出建筑装饰纹样与中国传统聚居乡土文化中的哲学思想中具有一致性的特征。

3. 时代发展导引的审美价值

（1）以郑家大屋和卢家大屋为代表的中式岭南建筑。

在清代晚期已出现部分中西合璧的新建筑形象，在郑家大屋以及卢家大屋两栋中式大宅中存在大量中式隔断，其挂落样式及纹样与清朝时期挂落相近，且卢家大屋的兴建是按照西关大屋仿建而成，因此也夹杂着晚清时期建筑装饰的特点。

在研究样本中，郑家大屋与卢家大屋作为代表性的中式岭南建筑，充分体现了岭南文脉在澳门历史建筑中的独特价值。这两栋建筑分别建成于清同治八年和清光绪十五年，是澳门历史文化的珍贵遗产，也是岭南文化在这片土地上的重要传承。其中，八角金盘岭南技艺蚝壳窗成为这两栋大宅装饰中的显著共通之处。这种独特的窗户设计在两个大屋中都得到了呈现，窗格的几何构造和华丽的装饰细节突显了岭南建筑的精湛技艺。这些窗户不仅是建筑外观的重要组成部分，更是岭南文化的象征，展现了岭南人民对于美的追求和创造力。郑家大屋的装饰与广府地区的装饰形式相似，反映了澳门与广府的文化交流与影响。这种装饰不仅体现了岭南特有的审美观念，还展示了不同地区文化的融合。此外，陶制窗花也与广府地区的建筑相似，这种装饰元素不仅增添了建筑的艺术价值，还体现了澳门作为岭南地区的文化特色。

卢家大屋则在建筑布局和装饰布局上大范围复刻了西关大屋，恰如一座富有岭南特色的传统民居。西关大屋作为广州市的代表性建筑，自然地将岭南文化的精髓融入了建筑之中。而卢家大屋的建造则将这一特色传承到了澳门，丰富了澳门城市建筑的岭南特色。澳门的地理位置本身就位于岭南地区，这使得岭南文化在澳门得以自然生根。而随着广东及其他岭南地区移民大量来澳移居，更加夯实了澳门历史建筑中的岭南特色。这些移民不仅带来了岭南的文化、习惯和建筑风格，也为澳门注入了岭南的血脉。因此，澳门的历史建筑中充满了岭南文化的痕迹，成为了岭南文化在这片土地上的生动见证。

郑家大屋与卢家大屋作为澳门历史建筑中的代表，充分体现了岭南文脉在这片土地上的传承与发展。这些建筑不仅是建筑的外在形态，更是文化的载体，将岭南文化的精髓融入了建筑的每一个细节中。通过研究这些建筑，我们不仅可以了解岭南文化在澳门的影响，还可以深入感受历史的沉淀和文化的传承。这些历史建筑成为了澳门独特的文化符号，也为澳门的城市景观增添了独特的魅力。

（2）中华文化同根同源，身份认同的装饰纹样审美价值。

澳门作为一个融合了多元文化的城市，其历史建筑装饰纹样的发展承载了丰富的社会认同和文化表达。这些纹样不仅是建筑的装饰，更是历史的见证和文化的传承。深入探索澳门各历史时期的社会结构、价值观和身份认同对建筑装饰纹样的影响，可以揭示出历史的脉络和文化的变迁。

澳门的历史建筑装饰纹样的发展与社会认同紧密相连。不同历史时期的社会结构和价值观影响了人们对于建筑装饰的审美取向。例如，澳门受到葡萄牙文化的影响，建筑装饰上常常运用葡萄牙的瓷砖、马赛克等元素。而随着时间的推移，澳门逐渐成为东西方文化的交汇点，中西文化的融合也反映在建筑装饰纹样中。建筑装饰纹样是文化表达的重要途径。在澳门的历史建筑中，可以看到不同时期的纹样变化，反映了社会文化的演变。比如，在澳门的古老街区，可以看到传统的中国元素和葡萄牙的装饰风格交织在一起，形成了独特的澳门风格。

澳门历史建筑装饰纹样的发展与社会认同和文化表达紧密相连，而澳门的装饰纹样显示出的多元文化交融是以中华文化同根同源的身份认同为基础，从而将各种民俗、信仰、生活文化等交融在一起的建筑装饰文化印记。通过探索不同历史时期的社会结构、价值观和身份认同对建筑装饰纹样的影响，我们可以更深入地了解澳门的历史与文化。这些装饰纹样不仅仅是建筑的装饰，更是历史的镜子，通过它们我们可以窥探过去的生活，感知当时社会的风貌，体味不同文化的交融与碰撞。澳门历史建筑群形式多样，既有中式的庙宇、大宅，也有西式的教堂、大楼剧院、坟场。它们显示了中国民间信仰在特殊历史环境下的延续与发展，在巍峨耸立的大三巴牌坊旁边静静伫立的哪吒庙像个精致的建筑小品散发着纯正的中国文化韵味。与玫瑰堂相望的是澳门华人最早的市集营地街市；中国的妈阁庙里也供奉着观音、土地神、关帝、财神、太岁、石敢当，同享祭祀。在澳督府侧边的街道，曾在附近有一对穿着中国传统服饰的新人采用最传统的婚庆仪式举办婚礼的情景。在这里，中西兼融，佛禅并容，相互影响和渗透，以中华文化务实、世俗化的生活氛围和在地文化认同感为主，所有的差异都在这里和谐地融为一体。

（3）社会经济因素推动的装饰纹样审美价值。

澳门社会经济的发展对"中国固有式"装饰的制约及民间建筑装饰多元化有着一定的制约。澳门社会在不同时代经济环境下的创新实践，包括材料、工艺和设计的创新，推动装饰纹样的发展。经济繁荣与装饰艺术发展密切相关，尤其在澳门这样一个历史悠久的城市中，历史建筑装饰纹样的演变与当时的经济状况有着紧密的联系。从社会经济视角来考察，可以深入分析澳门历史建筑装饰纹样与经济繁荣之间的相互影响，揭示经济发展对于装饰艺术的塑造与推动。

澳门的历史建筑装饰纹样在不同历史时期呈现出多样性，这与当时的经济状况紧密相关。在历史上，澳门是一个重要的商贸港口，曾经吸引了来自不同地区的商人和船只，促进了商贸活动的繁荣。这种经济繁荣也对建筑装饰产生了深远的影响。商人阶层在经济活动中获得了财富，往往会投资于建筑装饰，以展示自己的社会地位和财富积累。因此，可以发现在一些经济繁荣的历史时期，澳门的历史建筑装饰纹样呈现出豪华、奢华的特点，反映出当时社会的繁荣与活力。在一些豪华的住宅和商业建筑中，可以看到豪华的瓷砖、雕刻、金箔等装饰纹样，这些装饰不仅仅是美的体现，更是商人阶层的社会认同和地位象征。这些装饰反映了当时澳门经济繁荣的局面，也为后来的装饰艺术提供了宝贵的文化遗产。

此外，经济的繁荣还促进了文化交流和创新。随着商贸活动的增加，澳门成为了东西方文化的交汇点。这种文化交流带来了不同地区的装饰艺术风格的融合，形成了独特的澳门装饰纹样。这种融合不仅丰富了建筑装饰的形式，更促进了装饰纹样的创新和发展。从这个角度来看，经济繁荣为澳门的历史建筑装饰纹样的多样性和创新性提供了土壤。在研究经济繁荣与装饰艺术发展的关系时，还需要关注社会阶层的变化。经济繁荣往往伴随着社会阶层的变动，不同阶层的人们在装饰上的追求也不同。商人阶层可能更倾向于投资于奢华的装饰，以彰显自己的地位。而普通百姓的住宅往往更朴素，体现了他们的社会地位和经济水平。通过分析社会阶层的变化，可以更准确地理解经济繁荣对建筑装饰纹样的影响。

澳门历史建筑装饰纹样的发展与经济繁荣之间存在着密切的联系。经济的繁荣促进了建筑装饰的创新和发展，商人阶层的投资和文化交流都为装饰纹样的多样性和独特性提供了动力。通过社会经济视角的研究，可以更深入地理解历史建筑装饰纹样背后的文化内涵，揭示历史和经济的交融与共鸣。市场需求与创新发展：社会经济视角的研究可以探讨澳门历史建筑装饰纹样的发展如何受到市场需求和创新发展的影响。研究可以考察不同时期的市场需求，如旅游业、宗教活动或商业发展，对装饰纹样的需求和创新带来的影响。基于社会经济视角研究澳门历史建筑装饰纹样的发展，可以揭示出纹样与文化交流、经济繁荣、社会认同和市场需求之间的关系，为理解澳门历史建筑装饰纹样的形成与演变提供深入的分析和解释。

4. 多元融合建构的审美文化

澳门特有的文化现象也是中国传统文化博大而纳百川的展示，中国传统文化的这种特性正逐渐被人们所认识，并且成为 21 世纪的主导文化。在澳门历史建筑装饰纹样中展现出的以中华文化为思想内核，融合四方汇来的装饰纹样样式，从而构成的澳门历史建筑装饰纹样的现状，这正是文化优势的集中体现。

澳门作为一个独特的地域，承载了中西文化的交融与融合，这种文化碰撞在城市空间、街区和建筑装饰纹样上得以鲜明地体现。澳门的历史建筑装饰纹样不仅是对历史的见证，更是中西文化交流和融合的活生生的表现。在澳门的城市空间和街区中，我们可以看到中西文化元素的交错融合。在历史悠久的街区中，街角的拱门、窗花、雕刻等装饰纹样，融合了东西方审美。这种交融既是历史文化的传承，也是当代城市的魅力所在。单体建筑装饰纹样更是中西文化交融的缩影。澳门的历史建筑保留了丰富的西式建筑装饰，同时又融合了中国传统元素。立柱、拱券、浮雕等装饰元素在建筑上形成了独特的组合，充分展示了中西文化的融合之美。这些历史建筑装饰纹样是中西文化交流和互相影响的实证。通过城市空间、街区和单体建筑的装饰纹样，我们可以看到中西文化在这片土地上的碰撞、融合与共生。这些历史建筑装饰纹样不仅丰富了城市的多元文化，也是中西文化交流的生动象征，为澳门独特的文化景观增添了深厚的魅力。

（1）中西融合的审美思想。

澳门历史建筑装饰纹样承载着丰富的文化符号和意义。澳门历史建筑装饰纹样的发展不仅受到本土文化的影响，还受到跨文化交流和影响的因素。通过分析纹样的形式、图案、色彩和结构等要素，可以揭示纹样在美学上的特点和表达方式，如对称性、比例关系、装饰性和寓意等。研究可以分析纹样中所蕴含的象征、宗教、历史、民俗等文化元素，探讨纹样与当地文化身份、历史传承和社会意义之间的关系。同时，还可以探索纹样与当地文化、宗教信仰、艺术风格等之间的关联，深入理解纹样背后的文化含义和审美观念。通过深入解读纹样的文化符号，可以拓展对澳门历史建筑装饰的文化解读和理解。研究可以追溯纹样的起源和流传路径，探讨外来文化对澳门纹样的影响和融合。研究还可以关注纹样在不同文化背景下的演变，以及对澳门本土文化的影响。

文化的交融不仅体现在装饰纹样上，还贯穿于建筑的各个方面。通过研究这些文化元素的交融和变化，我们可以更好地理解澳门作为文化交汇之地的独特魅力，也可以为当代的建筑设计和文化传承提供有益的启示。

（2）灵活务实的审美趣味。

澳门历史建筑装饰纹样从官方建筑到民间建筑，因设计者、使用者和建造者的身份和文化背景多样，因此在实际建造中以及后续使用时，往往会依据具体情况及多数人的倾向，灵活布置其装饰纹样。并且由于其特殊的地缘环境，往往在表示形制的纹样上没有固定严格的要求，从而可以更加务实地进行建筑装饰纹样的设计建造。

郑家大屋：印度装饰窗与文化交融的见证。

在澳门这个东西方文化交融的特殊地区，历史建筑装饰纹样不仅承载了建筑的美学价值，更映射了不同文化间的交流与融合。郑家大屋作为澳门历史建筑的代表之一，展现了多元文化的精妙交融。其中，来自印度的装饰窗技法与其他文化元素的交织，为我们呈现了一幅丰富多彩的文化图景。郑家大屋位于澳门的历史街区，是一座充满历史韵味的建筑。这座大屋不仅代表了中国传统的建筑风格，还融入了来自葡萄牙、印度等地的文化元素。其中，印度装饰窗技法的应用就是一个生动的例证。

来自印度的装饰窗技法在郑家大屋中表现得淋漓尽致。这一技法采用了贝壳薄片来装饰窗户，创造出一种独特的装饰效果。贝壳薄片的材质细腻而坚硬，经过巧妙的组合和排列，可以形成各种美丽的图案和图像。这种技法在印度古老的建筑中得到了广泛的应用，以其独特的美感和装饰效果而闻名。这种印度装饰窗技法与中国传统的建筑风格交相辉映，展现了文化的融合和多样性。穿越时光的长廊，走进郑家大屋，我们可以看到贝壳薄片在窗户上熠熠生辉。这些贝壳薄片巧妙地组合成各种图案，有的像是细腻的花朵，有的如同飞舞的蝴蝶，还有的仿佛是一幅幅传统的印度图腾。这些装饰窗不仅为建筑增添了一抹异域风情，更将印度的艺术与文化注入到了这片土地上。然而，印度装饰窗技法在郑家大屋中的应用并非孤立存在，而是与其他文化元素相互交织，呈现出一种多元文化的交融。在中式住宅的空间中，我们可以发现与拉丁美洲技术相似的穿孔木天花板。穿孔木天花板是一种在建筑装饰中常见的技法，通过在木板上开凿出各种图案和孔洞，形成精美的装饰效果。这种技法在拉丁美洲的传统建筑中得到了广泛应用，而在郑家大屋中，它与中国传统的建筑风格相结合，呈现出一种独特的美感和文化内涵。穿越天花板的阳光透过穿孔木板，投下斑驳的光影。这些精美的孔洞和图案，如同一幅幅艺术品，为空间增添了层次感和神秘感。它们既起到了装饰的作用，又给室内营造了一种独特的氛围。

（3）祈福吉祥的审美取向。

传统建筑装饰展示了追求美好生活的审美文化。世俗的建筑装饰艺术是市民思想和心理的直观表白。自古，人们就同大自然在搏斗求生存，在生产力不甚发达的农业社会，人们对于美好生活的祈愿和向往从来没有被抹杀，反而因为逆境的存在而显得尤为坚持。中国传统的建筑装饰内容常常出现喜庆吉祥的图案，通过建筑装饰的吉祥图案，可以清楚地看见世世代代的市民对美好生活的心理追求。

自古以来，人们对于美好生活的追求和向往始终是人类文化的核心。在建筑领域，传统建筑装饰作为一种独特的审美文化，展现了人们对美好生活的向往和表达。这种世俗的建筑装饰艺术不仅是建筑外观的装点，更是市民思想和心理的直观表白，承载着历史的记忆和文化的情感。在古代农业社会中，人们的生活主要依赖于自然的恩赐和自己的努力。在生产力不甚发达的环境下，人们对于美好生活的祈愿和渴望从未减退。传统建筑装饰正是在这样的文化背景下孕育而生，它不仅仅是装饰，更是一种文化的表达和心理的满足。中国传统建筑装饰的内容常常融入了喜庆吉祥的图案，如龙凤、莲花、鱼跃龙门等。这些图案不仅在建筑外观上翩然呈现，更承载了代代市民对美好生活的追求。以龙凤为例，龙代表着权威和力量，而凤象征着美好和幸福。将这些图案融入建筑装饰中，正是市民对于富贵和幸福的向往的直接体现。传统建筑装饰所展现的吉祥图案，不仅仅是一种装饰元素，更是人们对美好生活的文化追求。这些图案不仅赋予建筑以美感，更为每一个居民提供了心灵的寄托。在历史的长河中，这些图案代代传承，成为了一种文化的符号，连接着过去、现在和未来。而在今日的社会，传统建筑装饰仍然具有重要的意义。尽管时代在不断变化，但人们对美好生活的向往从未改变。传统建筑装饰作为一种文化遗产，延续了人们对于美好生活的思考和表达。它提醒着人们，美好生活不仅仅是物质的满足，更是精神和心灵的追求。在现代社会，传统建筑装饰也得到了新的诠释和发展。艺术家和设计师们将传统的吉祥图案融入到当代建筑中，创造出充满创意和现代感的作品。这种融合不仅丰富了建筑的形式，更将传统文化与现代生活相结合，为人们带来了新的视觉和审美体验。传统建筑装饰作为一种展现美好生活追求的审美文化，承载了历史的记忆和人们的情感。它不仅在建筑外观上呈现，更融入了人们的心灵世界。通过吉祥图案和装饰元素，人们的追求和渴望得到了直观的呈现。在当代社会，传统建筑装饰仍然具有重要的意义，它不仅是文化的传承，更是人们对于美好生活的永恒向往。

古代市民的吉祥意识主要包括以下内容：首先是祈福科考。大部分古代市民处于社会中下层，科考是提高社会地位的重要途径，是他们迫切的期望，并如实地体现在装饰艺术的构思中。装饰艺术中"鲤鱼跳龙门""平升三级""五子登科"等充满幻想的图像是市民祈福家族子弟通过科考的真实写照。其次是追求物质财富。追求物质财富是许多市民的生活目标，尤其在商品经济发达的时代，对财富的追求成了许多市民的迫切愿望。最后是祈福祛灾。人们对于美好生活的追求和向往始终是人类文化的核心。在建筑领域，传统建筑装饰作为一种独特的审美文化，展现了人们对美好生活的向往和表达。这种世俗的建筑装饰艺术不仅是建筑外观的装点，更是市民思想和心理的直观表白，承载着历史的记忆和文化的情感。这是中国从民间到宫廷都极为关注的思想意识。也许是物质环境的恶劣，也许是事态变迁难测，个人和家庭都祈望平安、顺利的生活。建筑装饰手法上通过假借象征图形、寓意和谐音来表达美好的愿望，以获得心理的寄托与安慰。

二、澳门历史建筑装饰纹样的保护与传承

由于政府的重视，澳门历史建筑群的各座文物建筑装饰纹样大都保存完整，且大部分延续其功能并仍在使中，整体来看维修工作是理想的，文化局是澳门负责文物保护的政府机关，始终致力于历史建筑保护与维修的工作上，并且自1976年正式有法律来维护建筑文物后，其相关的组织架构也开始形成，并且结合各类民间组织对澳门历史建筑进行保护工作，澳门历史城区被列入《世界遗产名录》则成为政府工作努力的最好回报。

澳门作为一个拥有丰富历史文化遗产的地区，自古以来就承载着丰富的历史记忆和文化底蕴。随着时间的推移，这些历史建筑不仅是城市的一部分，更成为了文化的见证和传承。得益于政府的重视与努力，澳门历史建筑群的文物建筑装饰纹样得以完整保存，大部分仍在延续其功能，保护和维修工作取得了理想的成果。其中，澳门的文化局作为负责文物保护的政府机关，发挥着重要的作用。自1976年正式设立法律来维护建筑文物以来，澳门的文化保护事业逐渐形成了相应的组织架构和机制。文化局在其中扮演着重要的角色，始终致力于历史建筑的保护和维修工作。在文化局的推动下，澳门历史

建筑群的保护工作不再只是停留在纸面上，而是得到了切实的行动和落实。这些努力确保了历史建筑装饰纹样的保存完整，使其能够继续承担着文化传承的使命。政府与文化局在历史建筑保护方面不仅关注建筑的外在形态，更注重其功能的延续。许多历史建筑在维修过程中得以保持其原有的功能，从而真正融入到当代城市生活中。这种做法不仅能够保护历史建筑的文化价值，还能够让人们在现代社会中感受到真实的历史与文化内涵。此外，政府在历史建筑保护工作中也积极与各类民间组织合作。这种合作模式不仅能够汇聚更多的力量和资源，还能够将保护意识传递给更多的人。通过民间组织的参与，历史建筑保护不再只是政府的工作，更成为了全社会的共同责任和使命。澳门历史城区被列入《世界遗产名录》，是政府和相关机构多年努力的最好回报。这是对政府及各界人士不懈努力的认可，也是历史建筑保护工作的一大成果。澳门的历史建筑装饰纹样得以完整保存，不仅丰富了城市的文化底蕴，更为澳门的可持续发展注入了独特的历史与文化元素。澳门历史建筑的保护与维修是政府与文化局的共同努力的成果。通过长期的工作和合作，历史建筑装饰纹样得以完整保存，并在当代社会中得以延续。政府的重视和文化局的努力，以及与民间组织的合作，都为历史建筑保护事业作出了积极的贡献。澳门历史城区被列入《世界遗产名录》是这些努力的最好回报，也为未来的文化传承和保护工作指明了方向。

1. 整合梳理保护与传承的现状

澳门，这个拥有丰富历史遗产的地方，凝结着悠久的文化传承和独特的历史记忆。在政府的高度重视下，澳门的历史建筑得以保留、维修，并以其完整的姿态向世人展示，其中澳门文化局扮演着不可或缺的角色，致力于文物保护的使命从未间断。

目前，澳门建筑装饰纹样和文化遗产的分布状况是半岛上现有36座纪念性建筑物、41座具有建筑艺术价值的建筑物、8座建筑群和18个具有历史价值的场所。在仔岛上有9座纪念性建筑物、2座具有建筑艺术价值的建筑物、2组建筑群及1个具有历史价值的场所。在路环岛上有7座纪念性建筑物、1座具有建筑艺术价值的建筑物、1组建筑群及2个具有历史价值的场所。整个澳门地区共有52座纪念性建筑物、44座具有建筑艺术价值的建筑物、11

组建筑群和 21 个具有历史价值的场所①。澳门地区具有历史或艺术文化价值的建筑被逐步统计纳入保护范畴，且这一工作仍在进行中。

由于澳门特区政府的重视，澳门现有历史建筑整体维修工作是理想的，约九成的文物获得适当的保护。澳门历史建筑群的各座文物建筑大都保存完整，且大部分延续其功能并仍在使中。文化局（其前身文化司）是澳门负责文物保护的政府机关创立于 1982 年，当时已开始对澳门文物进行记录。至今，包括澳门历史建筑群在内的澳门文物都有完整的记录档案。这不仅体现了政府对文化遗产的尊重和保护，更彰显了澳门对历史文化的深厚情感，使澳门历史建筑群中的各座文物建筑得以保存完整。更令人欣慰的是，这些文物的功能也在延续，融入了现代社会的生活之中。这种保护和继承的理念，不仅是对历史的致敬，更是对未来的承诺。文化局的前身是文化司，早在成立之初就开始对澳门的文物进行记录。1984 年颁布的第 56/84/M 号和 1992 年颁布的第 83/92/M 号文物保护法令，为文化局的工作提供了法律依据。随着 1 文物保护法令的颁布，文化局文化财产厅便积极对法令内所列的各个文物点（含保护区）逐项建立专档，以照片、测绘图、建筑图纸、文字说明、幻灯片等形式记录，包括受保护文物每一次的维修工程。自那时起，文化局文化财产厅积极对法令中列出的各个文物点（包括保护区）逐项建立了专档。这些专档不仅包括照片、测绘图、建筑图纸、文字说明等多种形式的记录，还包括每一次维修工程的详细情况。这些档案成为了澳门历史建筑保护工作的宝贵资料，也是文化遗产传承的珍贵财富。

澳门历史建筑群，包括那些在其中的文物，都在文化局的呵护下拥有了完整的记录档案。这些档案记录了历史建筑的变迁、维修历程以及每一个细微的改动。这不仅有助于后人理解历史，更使得历史建筑的保护与维修工作更具有指导性和针对性。这些记录让我们不仅看到了历史的光辉，更看到了历史的延续和传承。澳门历史城区被列入《世界遗产名录》，是政府和文化局多年努力的成果。这是对他们辛勤工作的认可，更是对历史建筑保护事业的肯定。通过政府的重视和文化局的精心管理，澳门的历史建筑装饰纹样得

---

① 澳门特别行政区政府文化局. 澳门文化遗产 [EB/OL]. [2024 – 02 – 21]. https：//www. culturalheritage. mo.

以保存，文化遗产得以传承。这不仅是对过去的尊重，更是对未来的希望，澳门历史建筑的保护与维修是政府与文化局共同的努力的结果。在未来，政府和文化局将继续努力，为澳门历史建筑的保护和传承做更多贡献。

此外，为了全面而准确地掌握全澳文物的保护状况，澳门特区政府文化局于 2000 年进行了一项名为"澳门文物维护初评"的系统调查，针对澳门现有文物建筑的外貌，从最基本及直接的途径了解文物维护现况所存在的问题，以作未来文物维护的资源分配、跟进工作的参考。该次调查以走访各文物点作实地目测调查、记录及拍照，建立数据库及进行资料整理、编辑影像资料、建立调查表资料库并进行统计工作，撰写报告等方式进行，并已完成调查报告。调查时拍摄的照片实时制成计算机光碟（CD）保存。

科学的理念和先进的技术决定了保护与利用的质量，而完善的机构和制度则是其施行的保证。澳门历史建筑保护与利用的管理制度已在几个主要的地方法规：《文物保护法第 56/84/M 号法令（建筑、景色及文化财产的保护）》《第 83/92/M 号法令》《第 79/85/M 号法令（澳门都市建筑总章程）》中做了规定。澳门在科学技术和文物保护管理机构的融合方面，已经形成了良好的发展态势。这种融合不仅体现在文物保护的管理机构上，还涉及培训研究单位、保护团体等多个层面，共同推动了澳门文物保护工作的科学化、规范化和专业化。

2. 挖掘展示保护与传承的价值

澳门的历史建筑装饰纹样是重要的建筑文化遗产，记载着近代的建筑风格和城市环境特征，也记载着当时的技术成就和艺术的创造。澳门历史建筑多为石砌结构，与传统木构建筑相比，有较好的质量和较多的数量，同时，它们不仅具有历史和人文价值，大多还具有重要的使用价值与发挥社会效益的潜力，因此对历史建筑装饰纹样的保护利用活动日趋频繁，在建筑设计领域也具有越来越重要的地位。

在澳门的历史建筑中，石砌结构占据了主要地位。相较于传统的木构建筑，石砌建筑在质量上更为稳固，数量也更为丰富。这些石砌建筑不仅承载着历史的重量，还展现出独特的建筑风貌。每一块石头、每一处雕刻都凝结着历史的岁月，让人们在现代社会仍能感受到过去的风采。这些历史建筑装饰纹样所蕴含的价值不仅仅是历史和人文方面的，更延伸到了实用和社会效益层面。许多历史建筑不仅得以保留，还被赋予了新的功能，为现代社会服务。这种古老与现代的融合，让澳门历史建筑焕发出新的活力，为城市注入了独特的文化氛围。随着对历史建筑装饰纹样的保护和利用日益重视，相关的活动变得愈发频繁。政府和文化机构积极参与，通过各种手段保护这些珍贵的文化遗产。在建筑设计领域，历史建筑装饰纹样也越来越受到重视。设计师们不再仅仅追求现代化的外观，更希望将传统的纹样融入其中，赋予建筑以历史的厚重感和文化的内涵。这种融合不仅丰富了建筑的多样性，也让历史与现代在空间中相互对话。澳门的历史建筑装饰纹样是宝贵的建筑文化遗产，它们记录了澳门的历史变迁、技术成就和艺术创造。这些历史建筑不仅具有历史和文化价值，还在现代社会中发挥着重要的作用。通过保护和利用这些纹样，我们不仅尊重了过去，更为未来铺就了一条充满历史底蕴的道路。在现代建筑设计中，这些纹样也为我们提供了丰富的灵感和创意，让历史与现代在建筑中相互交融，共同构筑出美好的城市景观。

1964 年在威尼斯通过的《国际古迹保护与修复宪章》第一条明确指出：
"历史古迹的概念并不仅包括单个建筑物，而且包括能从中找到一种独特的文明、一种有意义的发展或一个历史事件见证的城市或乡村环境》。"一座具有丰富文化内涵的城市往往更能吸引人们在此投资工作与生活。

一个具有丰富文化内涵的城市，如同一本古老的书卷，让人们能够感受到历史的沧桑和文化的积淀。这种城市所蕴含的历史价值和文化底蕴，吸引着人们前来投资、工作和生活。在现代社会，城市不仅是经济的中心，更是文化的传承者和创造者。一个城市的独特文化特色，能够为居民提供归属感和认同感，吸引各类人才汇聚于此。历史古迹所见证的是时间的流转和文明的进程。它们是城市的灵魂，承载着过去的记忆，也引领着未来的方向。当人们走在历史悠久的街巷中，看到古老的建筑、熟悉的纹样，心中涌现出的是一种与过去相通的情感。这种情感使人们更加珍惜历史，更加注重文化的传承和保护。同时，丰富文化内涵的城市也能够吸引游客前来探寻，促进旅游业的发展。旅游已成为现代社会中不可忽视的经济产业，而历史古迹所带来的吸引力，为城市注入了新的发展动力。游客不仅能够欣赏城市的美景，更能够领略其丰富的文化底蕴。这种文化旅游，既能够为城市带来经济效益，也能够促进文化的传承和弘扬。《国际古迹保护与修复宪章》中的明确界定，使人们更加深刻地认识到历史古迹的广泛含义。一个城市要真正成为一个有吸引力的场所，不仅需要有现代的建筑和设施，更需要有丰富的历史和文化内涵。历史古迹作为城市的瑰宝，不仅见证着过去，更为城市的未来注入了智慧和活力。因此，保护和传承历史古迹，就是保护和传承城市的灵魂和记忆，让城市更具有魅力和生命力。

澳门作为一个历史名城，有自己丰富的历史文化遗产。它独特的自然条件和人文环境，造就出中国唯一具有地中海风格的城市风貌。即使在高楼林立的今日澳门，常常可以看到不同时期在城市中留下的历史痕迹，城市的历史就是下一代人继承的文化遗产的一部分。具有特色的建筑物与城市空间往往是该城市特有的历史语言与文化符号。这种特有的表现形式经过历史岁月的磨炼，在继承、发展中保持着连续性和发展变化的活力，城市也因为其特有的历史文化背景显得更有生命力。历史建筑装饰纹样作为历史的重要组成部分，提供了认识和理解的物质保证，失去了这些物质保证，就会削弱认识和理解的正确性和真实性，就会涣散信心和琐解个性。所以，在某种意义上说，保护好昨日的拥有就意味着将会孕育出明日的辉煌。

因此，保护澳门的历史建筑装饰纹样，不仅能唤起澳门人们对历史和文化的关注，而且在保持城市发展过程中的连续性起到重要作用。

3. 正确处理保护与利用的关系

澳门，承载着丰富的历史与文化底蕴，其历史建筑保护之路显得尤为引人瞩目。在这片土地上，历史的痕迹得以延续，保护法律的笼罩下，一座座古老的建筑得以幸存，为城市增添了深厚的文化韵味。

在澳门，历史建筑保护并非是盲目的，而是以法律为依据，确保每一处文化财产都能得到妥善的保护。1984 年的《建筑、景色及文化财产保护法令》以及 1992 年的修订版，成为了澳门历史建筑保护的法律支撑。这些法令不仅详细规定了不同类型文物的保护方法，还为不同级别的建筑提供了特定的保护规定。这种立法保护为澳门历史建筑保护提供了坚实的法律基础，也为后来的保护工作提供了宝贵的经验。法律的规定使得澳门的历史建筑保护更加有针对性。比如，根据法例规定，具有建筑艺术价值的建筑物不得被拆毁，且在任何情况下，如果这些被评定为有建筑艺术价值的建筑物受到破坏，其所有人都不得在同一地点进行规模大于被破坏建筑物的建筑工程。这样的规定明确了对于具有建筑艺术价值的建筑物的保护要求，避免了因为现实需求而对历史遗产的随意破坏。同时，法律还明确表示，对于被评定为具有建筑艺术价值的建筑物，可以进行扩建、加固、改建、重建及复原工程，前提是这些工程不得损害其原有特征，特别是外立面的特征。这种规定在保护历史建筑的同时，也允许了一定程度的功能性改造，以适应现代社会的需要。在这个法律保护的框架下，澳门的历史建筑装饰纹样得到了特别的保护。这些装饰纹样是历史遗产的一部分，蕴含着丰富的文化、艺术信息，也是过去时代的见证。这些纹样不仅是建筑的装饰，更是历史的镜子，反映了当时社会的审美观念和文化特点。法律规定了这些纹样必须得到保护，确保在进行建筑改造、维修时不会损坏这些宝贵的历史遗产。

澳门历史建筑保护的成功得益于立法的明确和切实可行的执行。这种立法保护不仅为澳门的历史建筑提供了法律支持，更为后来的城市规划、建设提供了宝贵的经验。这种立法模式能够在尊重历史的基础上，充分考虑现代社会的需求，实现历史与现代的和谐共存。通过法律的引导，历史建筑得以妥善保护，成为城市文化的重要组成部分，也为后代留下了宝贵的文化遗产。由以上分析可以看出，澳门对被评定为纪念物、具建筑艺术价值建筑物的单体历史建筑的各项保护工作都是按照对待历史文物的方法来执行的。凡被评定的历史建筑就不能随意地卖、拆，并且都经过文物部门的精心修复，在细心呵护下都成为城市中引人注目的标志性景点。出于对城市历史建筑环境的保护，对于那些已评定的建筑群和地点，保护与利用的核心工作则是建设控制。

（1）多元与共生——历史建筑的维修与复原。

澳门不仅是穿越历史而发展的多元体，在空间上也汇集了差异。城市历史建筑装饰纹样中融合了多种文化：葡萄牙式、仿古典式、中国传统式等。澳门城市文脉在多元共生的特质下，具有强烈的包容性。在权力与居住适宜度可能相互冲突之下，澳门城市调整以达到两者兼顾的理想状态。历史建筑是受到政府保护，不允许被拆除的，其建筑活动主要是进行维修、加固等，尤其是建筑的正立面是绝对要保持原有特征和样式，这无论对于中式历史建筑装饰纹样、西式历史建筑装饰纹样都亦如此，因此，城市中可见到西方古典式的邮政局大楼、巴洛克式圣若瑟圣堂与伊斯兰建筑风格的港务局大楼的复合体。城市中教堂、庙宇等具有特殊历史意义的建筑仍然沿用其原始用途，并进行一定的维修与复原工程。无论是建筑风格还是建筑装饰纹样，澳门城市具有将多重文化糅合在一起的力量，显示了巨大的包容性，体现了文化的多元与共生特色。

（2）会通与调适——历史建筑的新建、改建与扩建工程。

历史建筑的新建与改建，是一种巧妙的城市发展策略，将传统与现代相互融合，让历史的痕迹在现代的脉络中得以延续。这一进程主要在空地上新建建筑物，而原有的历史建筑则在新的建造过程中焕发出崭新的价值。然而，这种发展并不是简单地将历史外壳保留下来，而是在尊重历史的基础上，赋予内部全新的功能与活力。许多历史建筑在改建中保持了其原有的装饰纹样，这些精美的细节不仅是建筑的点缀，更是历史文化的载体。这些细致的雕刻、壁画和零碎的图案，都是过去时光的见证，而在新的内部空间中，它们映衬着现代设计，产生出一种独特的审美体验。历史建筑的内部功能也发生了深刻的变化，从单一的功能转变为多元化的用途。例如，曾经的宫殿可能会被改建成博物馆，古老的教堂可能变身为文化活动中心，这些变化不仅丰富了城市的文化内涵，也为人们提供了更多的休闲和学习选择。然而，在充分发挥历史建筑的内部潜力的同时，也要尊重其历史特征，确保其独特的历史价值与艺术价值不会被抹去。在新建与改建过程中，有一项重要的限制是不得改动建筑的屋顶。这是因为建筑的屋顶不仅是其独特外观的一部分，更关乎着城市的天际线。保留历史建筑的屋顶，不仅是对过去的尊重，也是对城市整体景观的维护。历史建筑的新建与改建，让过去与现在在城市中交相辉映，成为了一座城市的记忆与未来的交汇点。这种建筑的更新与重塑，并非是简单地将历史故事复制到现代场景中，而是一种历史传承的有机延续。人们在这些历史建筑中，可以感受到时间的沉淀，品味着岁月的痕迹，同时也在现代化的氛围中感知着建筑的灵魂。历史建筑的新生，不仅是城市文脉的延续，更是一种对历史的致敬与传承。它们见证了城市的发展脉络，承载着居民的记忆和情感。通过巧妙的设计与规划，历史建筑焕发出与时俱进的活力，成为城市的瑰宝。无论是原汁原味地保留历史元素，还是融合现代功能，都是为了将过去与未来连接起来，让人们在城市的街头巷尾，都能感受到历史的气息，体验着建筑的演进。这种融合，不仅是建筑形态的更新，更是城市记忆的传承，让历史在当下绽放光彩。建筑扩建部分和旧有建筑的装饰纹样可以使建筑处在不同时间和空间的交叉点上，从而产生奇异的矛盾效果。同时，扩建部分保留的装饰纹样又很好地和历史融合在一起。

（3）制约与创新——历史建筑周围城市空间的改造。

在城市的演进与塑造中，人类的创造力与自然环境的影响交织在一起，共同创造出了丰富多样的城市面貌。凯普斯的那句话："一个物质形体是自身结构和外部环境两者斗争的产物。"深刻地揭示了城市发展的复杂性，以及城市与环境之间的互动关系。

城市的形成和发展并非是孤立的，而是一个综合性的过程，受到诸多因素的相互制约和影响。其中，先存的环境在城市的发展和建筑形式与构成中扮演着关键角色。历史、地理、气候、文化等因素都在塑造城市的过程中发挥着作用。古老城市的街道布局、建筑风格，都是历史环境的遗产，反映着过去的文化与生活方式。而自然环境，如地形地貌、水系分布，也在一定程度上决定了城市的布局和发展方向。这些先存的环境因素在城市建设中不仅是制约，更是灵感的源泉，为城市的创造提供了重要的参考和背景。要深刻了解和体会城市的文脉，需要进行大量而细致的研究。这包括对历史档案、地理地貌、社会文化等方面的调查和分析。通过对城市演变的历史考察，我们可以了解不同历史阶段的城市风貌、建筑风格以及人们的生活方式。同时，地理环境的研究可以揭示城市的地理特点，如自然资源的分布、地形的变化，从而为城市的发展提供参考。社会文化的分析则可以揭示城市居民的价值观、生活习惯，为城市的功能定位和建筑设计提供指导。在保护城市中的历史建筑时，嵌入新的要素是一种创新的方式。这种方式不仅能够保护历史建筑的独特价值，还能够为周围的空间带来新的活力。通过在历史建筑周围设计新的功能区域、公共空间或景观，可以创造出一个多样化、互动性强的城市环境。既增强了城市的归属感与认同感，也为居民提供了更丰富的体验和活动选择。

城市的演变和建筑的塑造是一个相互作用的过程。通过深入了解城市文脉，我们能够更好地理解城市的历史、文化和地理特点，为城市的发展提供有力的指导。同时，将新的要素融入历史建筑周围，既能够保护历史遗产，又能够创造出更具活力和创新性的城市环境。城市是一个不断变化的生态系统，其发展需要我们充分尊重历史，同时也要积极迎接新的挑战和机遇。通过在历史和现代之间寻找平衡，我们可以创造出更加独特、充满活力的城市空间。对于历史建筑的装饰纹样，实际上是在已建成的城市中再建设的问题。澳门历史建筑对于世界文化遗产有着举足轻重的价值，在看似矛盾与冲突的文化社会中，它们显示了超然的容忍与融合。城市中各种形式与风格的历史建筑都得到严格的法律保护有专门的机构负责维修，维持着固有的传统和特色在城市由独特性向相似性转移的今天，合理有效地保护与利用历史建筑对于维持澳门的身份标志具有重要的指向作用，而且这些保护思路值得内陆城市深思与借鉴。

参考文献

［1］吴山．中国历代装饰纹样略述［J］．南京艺术学院学报（音乐与表演版），1979（2）：39－48．

［2］漆雪薇．近代广府地区民居建筑装饰研究［D］．广州：广州大学，2018．

［3］杨祺．天津近代建筑装饰文化符号整理与应用研究［D］．天津：天津师范大学，2021．

［4］连孝奇．广东台山侨墟建筑营造与装饰文化传流关系研究［D］．长春：东北师范大学，2022．

［5］郑慧铭．闽南传统民居建筑装饰及文化表达［D］．北京：中央美术学院，2016．

［6］郭潇．东北地区古建筑装饰意象特征研究［D］．大连：大连理工大学，2023．

［7］科斯塔．澳门建筑史［J］．文化杂志，1998（35）。

［8］科斯塔．澳门建筑史［J］．文化杂志（中文版），1997（35）：22．

［9］付璇．基于中西结合视点下的澳门近代居住建筑研究［D］．厦门：华侨大学，2018．

［10］张鹊桥．澳门近代居住建筑形态研究［D］．南京：东南大学，2010．

［11］赵淑红．澳门近代民用与军事建筑研究［J］．新建筑，2009（3）：137．

［12］玄峰．澳门城市建设史研究——澳门近代建筑普查研究子课题［D］．南京：东南大学，2002．

［13］杨雁．澳门近代城市规划与建设研究（1845－1999）［D］．武汉：

武汉理工大学，2009.

［14］尹木子．多文化融合下澳门建筑装饰形态研究［D］．南京：南京林业大学，2013.

［15］陆洪慧．澳门历史建筑的细部和装饰探讨［D］．南京：东南大学，2004.

［16］刘先觉，陈泽成．澳门建筑文化遗产［M］．南京：东南大学出版社，2005.

［17］陈炜恒．澳门庙宇丛考［M］．澳门：澳门传媒工作者协会，2009：238－249.

［18］徐亦亭．中华文化中独具特色的澳门海洋文化［J］．中央民族大学学报，2002（2）：92－98.

［19］斐齐容，王忠．传承与发展．澳门妈祖信俗文化景观研究［J］．妈祖文化研究，2020（1）：86－98.

［20］陈泽成．澳门建筑文物的保护政策［J］．建筑学报，1999（12）：11－14.

［21］澳门特别行政区立法会．法律汇编—第 11/2013 号法律《文化遗产保护法》［R］．2018.

［22］童乔慧．澳门历史建筑的保护与利用实践［J］．华中建筑，2007（8）：206－210.

［23］黄林生，陈以乐，黄子宁．澳门渔翁街天后庙建筑营造及其与在地文化关联［J］．五邑大学学报（社会科学版），2023，25（2）：42－46＋93.

［24］马丽媛．装饰图案设计基础［M］．北京：人民邮电出版社，2016.

［25］段建华．中国吉祥装饰设计［M］．北京：中国轻工业出版社，1999.

［26］陈以乐．澳门岭南宅园装饰艺术的发展——以蚝壳窗、满洲窗为例［A］．北京中外视觉艺术院、中外设计研究院、中国创意同盟网．中国创意设计年鉴·2018—2019 论文集［C］．成都蓉城美术馆，2020：4.

［27］郭占月．中外古典建筑柱式的造型与结构［J］．桂林工学院学报，2001（3）：247－252.

［28］张鹊桥．澳门典型传统豪宅郑家大屋［J］．建筑与文化，2009
（5）：26－29．

［29］梁思成．中国建筑艺术图集［M］．天津：百花文艺出版社，2007．

［30］朱宏宇．澳门卢家大屋中西建筑艺术特征解析［J］．城市住宅，
2019，26（12）．

［31］金国平，吴志良．"议事亭"历史与中国官员临澳驻节地考［J］．
文化杂志，2003（48）．

［32］顾为民．从印度洋到太平洋：16 至 18 世纪的果阿与澳门［M］．
上海：上海书店出版社，2016．

［33］邓思平．澳门世界遗产［M］．香港：三联书店有限公司，2012．

［34］陈树荣．议事亭前地［M］．澳门：君亮堂出版社，2013．

［35］李砚祖．装饰之道［M］．北京：中国人民大学出版社，1999．

［36］陈泽成，龙发枝．澳门历史建筑备忘录（二）［M］．澳门：澳门
遗产学会，2021．

［37］杨一丁，林红．土生葡人马若龙在澳门塔石的跨文化空间建构实
践［J］．装饰，2022（7）．

［38］黄伟侠．尊重环境与延续文脉之道——简评澳门塔石卫生中心建
筑设计［J］．建筑学报，2001（6）．

［39］薛颖．近代岭南建筑装饰研究［D］．广州：华南理工大学，2012．

［40］吴尧，朱蓉．澳门建筑［M］．香港：三联书店（香港）有限公
司，2014．

［41］黄文辉．侬家正住莲花地：澳门历史建筑文化解码筑［M］．广
州：花城出版社，2019．

［42］邓锐，周妍．澳门卢廉若公园中的诗情画意［J］．广东园林，
2020（1）．

［43］张洁茹．澳门近代风景园林研究［M］．北京：社会科学文献出版
社，2016．

［44］陈以乐．浅析澳门三大名园遗存的成因［J］．大众文艺，2019
（2）．

［45］刘托．濠镜风韵——澳门建筑［M］．北京：文化艺术出版社，

2005：68.

［46］澳门博物馆项目组．大炮台——与历史同步的博物馆［M］．澳门：澳门博物馆出版社，1998.

［47］林发钦．澳门历史建筑的故事［M］．广州：广东经济出版社，2020.

［48］澳门特别行政区政府文化局．被评定的不动产（文物建筑）MM014－马交石炮台［EB/OL］．http：//www.culturalheritage.mo/detail/99979.

［49］（清）印光任，张汝霖著．赵春晨点校．《澳门记略》．广州：广东高等教育出版社．1988：1.

［50］王文达．澳门掌故［M］．澳门：澳门教育出版社，1999.

后 记

我们相信，本书的研究成果能够为学术界带来新的思考与启示，为历史建筑纹样的保护与传承提供有益参考。我们向所有参与本书研究的同仁致以诚挚的谢意。是你们的辛勤付出和专业知识，使得本书能够得以问世。同时，也感谢澳门历史建筑纹样的保护者和传承者，是你们的努力，让这些瑰宝得以延续和传承至今。期待着各位学者与研究爱好者的踊跃参与和宝贵意见，愿我们的学术探索在互相启迪中蓬勃发展。

愿本书为您带来对澳门历史建筑装饰纹样的深入了解与赏析，让我们一同感受这片历史文化的宝藏，继续珍爱和传承这份珍贵的文化遗产。感谢您的关注与支持！愿本书能够为广大读者带来愉悦的阅读体验，为澳门历史建筑纹样的研究与传承贡献一份微薄之力。

本书编写团队在调研过程中克服了很多困难，为本次研究提供了重要的数据支持，更是对学术探索的共同见证。感谢每一位参与调查和研究的团队成员，傅昊、张书源、李新宇、王贞、赖雅风、孟悦、王铄佳、汪祎鸣、王松涛、李艳、赵一斐、刘钰玲、李晨曦、张苓琳，对大家的帮助致以最真诚挚的谢意！希望通过本书给更多关注澳门研究的参与者提供更丰富和有意义的资料，共同见证澳门的成长与繁荣！